Klar|text 5

Sprach-Lesebuch Deutsch
Nordrhein-Westfalen

Lösungen zum Schülerband

Kathleen Fleer
Andrea Heinrichs
Hans-Dieter Marx
Rebekka Möller
Jelko Peters
Marina Schmiedel
Alexandra Sillus
Martina Wolff

westermann

Druck A^4 / Jahr 2013
Alle Drucke der Serie A sind im Unterricht parallel verwendbar.

Redaktion: Stefanie Hein, Annette Fesefeldt
Herstellung: Andreas Losse
Umschlaggestaltung: KLA**X**GESTALTUNG, Braunschweig
Satz: KCS GmbH, Buchholz/Hamburg
Druck und Bindung: westermann druck GmbH, Braunschweig

ISBN 978-3-14-**294175**-2

Inhaltsverzeichnis

Ein neuer Start
(Schülerband: Seite 8–17)

Seite 14

2 Ort und Datum = A, Unterschrift = E, Brieftext = C, Anrede = B, Grußformel = D

Seite 15

3 Ähnlich der gesprochenen Sprache bezieht ein Brief den Adressaten/das Gegenüber in den Text mit ein. Beim Verfassen eines Briefes gelten also vergleichbare Bedingungen wie in einer Gesprächssituation. Briefinhalte sind: Gefühle und Gedanken, Fragen und Antworten, Erlebnisse und Probleme, Meinungen und Zweifel, Trost und Zuspruch, Lustiges und Trauriges.

4 *Briefkopf*: Zeile 1
Anrede: Zeile 2
Brieftext:
– den Empfänger persönlich ansprechen: Zeile 3
– Neuigkeiten; Gedanken u. Gefühle mitteilen: Zeile 4–15
– Zur Antwort auffordern; gute Wünsche: Zeile 16–17
Briefschluss:
Grußformel: Zeile 18, Unterschrift: Zeile 19

Seite 17

4 Die Medizin ist Wasser. Sie kann also eigentlich keine Wirkung haben.

5 Vorschläge B und D sind richtig.

6 Zeile 37–38: „Es müsste ein Fach geben, das interessant ist und Spaß macht. Und das trotzdem so kniffelig ist, dass man sich ranhalten muss.“

Schule gestalten
(Schülerband: Seite 18–33)

Seite 23

2 a) + b)
Z. 3 + 4 Jusuf: Beleidigung, Z. 5 Klaus: Drohung, Z. 11 Jusuf: nicht auf den Redebeitrag des anderen eingehen, Z. 15 + 16 Jusuf: Beleidigung, Z. 27 Jusuf: Beleidigung, Z. 28 Klaus: Beleidigung

3 a) Z. 9 Klaus, Z. 20 ff. Klaus, Z. 24 Lea

Seite 24

1 a) + b)

Meinung	Begründung
Wände streichen	sieht sauberer aus
Tiere anschaffen	sind niedlich, man muss sich kümmern
Vorhänge aufhängen	wirkt gemütlicher

2 C, Begründung ist objektiv nachvollziehbar.

Seite 25

2 a) Für ein Aquarium spricht: Es gibt immer was zu gucken. Gegen ein Aquarium spricht: Man wird abgelenkt. Es ist zu teuer.

Seite 26

1 A = 3, B = 2, C = 6, D = 1, E = 4, F = 5, G = 7

Seite 29
Kompetenz-Check: Stellung nehmen (Musterlösung)

Lüdenscheid, den …

Sehr geehrter Herr Direktor Schneider,

uns, der Klasse 5.3, ist aufgefallen, dass sich viele Kinder in den Pausen auf dem Schulhof langweilen. Deshalb haben wir überlegt, was wir tun können, um das zu ändern.
Wir möchten Sie herzlich bitten, ein Beach-Volleyball-Feld auf dem Pausenhof zu bauen. Das würde natürlich Geld kosten, aber wir sind sicher, dass unsere Eltern gerne für dieses Vorhaben spenden würden. Außerdem könnten wir ein Schulfest veranstalten und dort Geld sammeln.
Wenn wir ein Volleyball-Feld hätten, könnten wir uns in den Pausen mal so richtig austoben.
Immer nur Fangen spielen ist ja auch langweilig. Wir passen dann im Unterricht auch viel besser auf, weil wir uns in der Pause abreagieren können. Außerdem würden wir alle viel lieber zur Schule kommen, weil wir auf dem Schulhof Volleyball spielen könnten. Das wäre so toll.
Deshalb möchten wir Sie noch einmal herzlich darum bitten, uns ein Beach-Volleyball-Feld zu bauen.

Mit freundlichen Grüßen

Ihre Klasse 5.3

Seite 30

1 1 = denn, 2 = weil, 3 = wenn, 4 = weil, 5 = wenn, 6 = wenn, 7 = wenn, 8 = damit, 9 = deshalb, 10 = denn

---

Seite 31

1 1 = Ihnen, 2 = Sie, 3 = sie, 4 = Sie, 5 = Sie, 6 = Sie, 7 = Ihnen, 8 = Sie, 9 = Ihnen, 10 = Sie, 11 = Ihre

---

Seite 33

1 b) D, G, K

Ein aufregendes Wochenende

(Schülerband: Seite 34–47)

Seite 34

1 b) Die Erlebnisse sind erzählenswert, weil sie etwas Besonderes, nicht Alltägliches abbilden.

Seite 36

1 1 = C, 2 = A, 3 = E, 4 = B, 5 = D

2 Auf diese Art und Weise entsteht eine Spannungskurve von niedrig über mittel zu hoch und wieder niedrig.

Seite 37

4 Die im Tipp erwähnten erzählerischen Mittel werden alle umgesetzt. Manchmal werden die Übergänge zwischen den verschiedenen Ereignissen sehr abrupt erzählt, die Erzählung könnte noch ausführlicher und intensiver sein.

Seite 38

1 + 2 Ereignis G. Man kann aufgrund des Fußballspiels und des Vogels das Bild zuordnen.

3 Hauptperson = ein Mädchen mit Namen Elisa
Handlungsort = ein Park, in dem Fußball gespielt werden darf
Zeit = Samstag, 13. Mai, ein sonniger Tag
Erzähler = Elisa, aus der Ich-Perspektive

4 Jeder Anfang hat seine erzählerischen Vorteile. A stellt die Handlung, B die wörtliche Rede, C die Fakten und Details in den Vordergrund.

Seite 41

1 Der Text enthält unnötige Wiederholungen (Z. 6), überflüssige Informationen (Z. 11) die Ereignisse könnten insgesamt ausführlicher erzählt werden.

Seite 42
Kompetenz-Check: Erzählung überarbeiten (Musterlösung)

1 Rudolf rutscht auf einem Stein aus. Der Stein könnte glatt gewesen sein. Außerdem ist es möglich, dass ein sehr großer, starker Fisch an seiner Angel zieht.

2 **Ausgerutscht am See**
Ich blickte hinaus auf den See und dachte über die Ergebnisse nach, die im Radio genannt wurden. Gerade als Schalke in Rückstand geriet, biss ein Fisch an und zog an der Angel. „Das muss ein großer Brocken sein“, dachte ich und versuchte den Fisch aus dem Wasser zu ziehen. Doch dabei kam ich aus dem Gleichgewicht. Ich schwankte nach links, ich schwankte nach rechts und versuchte noch auf einem Bein wieder Halt zu finden. Vergebens. Ich fiel ins Wasser. Brr, war das kalt! Für ein paar Sekunden tauchte ich unter. Luft schnappend tauchte ich wieder auf. Mein Vater rief mir etwas zu. Aber ich konnte ihn nicht verstehen. Ich hatte zu viel Wasser im Ohr. Schnell ging ich ans Ufer. Ich war klatschnass. Zuerst dachte ich, mein Vater würde schimpfen, doch er fragte nur, ob mit mir alles in Ordnung ist. Dann gab er mir seine Jacke und rief meine Mutter an, die uns dann abholte. Der Fisch hatte sich übrigens wieder vom Haken gelöst und ist im See verschwunden.

Seite 43

1 Text 1 = Perfekt, Text 2 = Präteritum

2 A = Text 2, B = Text 1, C = Text 2, D = Text 1

3 Letzten Samstag fuhr ich mit meinem Vater und Bruder zu einem Schminkkurs in die Stadthalle. Dort verwandelte mich eine Frau in einen Piraten. Auf meine Wangen tupfte sie einige Bartstoppeln. Unter meine Nase malte sie einen schwungvollen Schnurrbart. Später kaufte ich mir noch eine Augenklappe.

4

Präsens	Perfekt	Präteritum
du läufst	du bist gelaufen	du liefst
du rennst	du bist gerannt	du ranntest
du schläfst	du hast geschlafen	du schliefst
du liegst	du hast gelegen	du lagst
du stehst	du hast gestanden	du standst
du isst	du hast gegessen	du aßt
du fährst	du bist gefahren	du fuhrst

Seite 44

1 ein verregneter Freitag – die gute Laune – in der Schule – durch das miese Wetter – mit vielen Sträuchern – bepflanzten Park – mit meinen neuen superschnellen Inlinern – zum Park – der feine Nieselregen

2 Es sollte ein aufregendes Wochenende werden. Leider war es das überhaupt nicht. Es war so langweilig wie immer. Der Regen prasselte ohne Unterbrechung auf das Dach, das zum Glück dicht war. Aber Abenteuer kann man bei diesem schlechten Wetter nicht erleben. Was blieb mir übrig, als mit meiner kleinen Schwester Karten zu spielen und meinem Vater in der Küche zu helfen?

Seite 47

2 Talenten – Basar – Piaster – Prophet

3 A = richtig, B = richtig, C = falsch, D = falsch, E = falsch, F = falsch, G = richtig

---

Märchenhaft

(Schülerband: Seite 48–67)

Seite 48

F **R** OSCHKÖNIG
FR **A** U HOLLE
ROTKÄ **P** PCHEN
HASE **U** ND IGEL
STER **N** TALER
RUMPELSTIL **Z** CHEN
ASCH **E** NPUTTEL
HANS IM G **L** ÜCK

Seite 49

A = Hänsel und Gretel
B = Hase und Igel
C = Der Froschkönig oder der eiserne Heinrich
D = Sterntaler
E = Rapunzel
F = Frau Holle
G = Die Bremer Stadtmusikanten

Seite 50

Das Märchenspiel:

1. 7 Zwerge
2. Z. B.: Dornröschen, Froschkönig, Prinz oder Prinzessin in ein Tier
3. „Der gestiefelte Kater“, „Die Bremer Stadtmusikanten“, „Der Froschkönig“, „Frau Holle“ (der Hahn) usw.
4. Der Spiegel
5. „Und wenn sie nicht gestorben sind …“, „In den alten Zeiten, wo das Wünschen noch geholfen hat, …“, „Knusper, knusper knäuschen, …“, „Ich bin so satt, ich mag kein Blatt, …“, „Bäumchen rüttel dich und schüttel dich, …“ („Aschenputtel“) usw.
6. „Es war einmal …“
7. Jäger bei Schneewittchen, Fee Nr. 2 aus Dornröschen, Tauben, Der gestiefelte Kater
8. Äpfel vom Baum schütteln, Brote aus dem Ofen holen, Betten aufschütteln
9. „…, dass ich Rumpelstilzchen heiß.“
10. C
11. Z. B.: eine Hexe („Rapunzel“), Riesen („Däumling“, „Hans und die Bohnenranke“), Zauberer, der Wolf, Drachen
12. „Und wenn sie nicht gestorben sind, dann leben sie noch heut.“

Seite 51

1 b) *Beispiele für Karteikarten*

Zauberwesen	**Sprüche**	**Zahlen 3, 7**
Zwerge: → Rumpelstilzchen → Schneewittchen	„Ach wie gut, dass niemand weiß, dass ich Rumpelstilzchen heiß!“ → Rumpelstilzchen	3 Aufgaben → Käthe Krachdienuss (hält drei Nächte lang Wache)
Hexen: → Hänsel und Gretel → Jorinde und Joringel	„Die guten ins Töpfchen, die schlechten ins Kröpfchen.“ → Aschenputtel	7 Zwerge → Schneewittchen

Personen mit gegensätzlichen Eigenschaften	Sprechende Tiere	Zaubergegenstände
gut: Stieftochter schlecht: Stiefmutter → Schneewittchen → Aschenputtel	→ Der gestiefelte Kater → Froschkönig → Die Bremer Stadtmusikanten	Wunderblume → Jorinde und Joringel

---

Seite 53

2 B: Jorinde und Joringel verlaufen sich im Wald (Z. 10–14)
C: Die Zauberin lässt Joringel frei (Z. 15–23)
D: Joringel träumt von einer roten Blume (Z. 24–27)
E: Joringel erlöst Jorinde und die anderen verzauberten Mädchen (Z. 28–40)

4 a) „Es war einmal …“ /Zauberwesen / Zaubergegenstand (Blume) / Joringel muss Aufgabe lösen / Das Gute siegt.

Seite 54

1 B: Die Brüder Grimm haben Märchen gesammelt und aufgeschrieben.

Seite 59

4 b) A = 2. Sinnabschnitt = Zeilen 20 bis 28
B = 3. Sinnabschnitt = Zeilen 29 bis 43
C = 1. Sinnabschnitt = Zeilen 1 bis 19
D = 4. Sinnabschnitt = Zeilen 44 bis 64

5 5. Sinnabschnitt: Zeilen 65 bis 85: Käthe findet den Zauberstab und erlöst ihre Schwester
6. Sinnabschnitt: Zeilen 86 bis 94: Käthe findet einen Vogel
7. Sinnabschnitt: Zeilen 95 bis 111: Der Prinz isst den gebratenen Vogel und wird geheilt

---

Seite 65

Der weiße Handschuh
Es war einmal ein Junge, der hieß Gottfried. Er <u>war</u> der älteste Sohn eines armen Bauern. Seine Familie war so arm, dass die drei Brüder niemals richtig satt <u>wurden</u>. Eines Abends <u>sagte</u> der Vater zu dem Ältesten: „Gehe auf den Markt und sieh zu, dass du billig eine Gans bekommst. Wir wollen doch wenigstens am Geburtstag deiner Mutter einen Gänsebraten auf den Tisch bringen.“ Da <u>machte</u> sich Gottfried auf den Weg. Doch als er auf dem Markt <u>ankam</u>, <u>waren</u> bereits alle Gänse <u>verkauft</u>. Betrübt drehte er sich um und wollte bereits den Heimweg antreten, da <u>sah</u> er etwas Weißes auf dem Boden liegen. Er <u>hob</u> es auf, und siehe da, es war ein weißer Handschuh. Gottfried <u>zog</u> ihn an und <u>dachte</u> bei sich: „Ach, was habe ich für einen Hunger!“

Kaum hatte er das gedacht, da <u>stand</u> auch schon eine reich gedeckte Tafel vor ihm. Freudig <u>setzte</u> er sich hin, musste jedoch feststellen, dass er sich ganz allein fühlte. Da seufzte er: „Was würden die Leute schauen, wenn ich, der Sohn eines armen Bauern, mit einer Prinzessin speisen würde."
Als er diesen Gedanken gefasst hatte, da <u>saß</u> auch schon eine wunderschöne Prinzessin ihm gegenüber. Sie hatte langes, schwarzes Haar und kirschrote Lippen. Gottfried sprach sie an, doch er <u>bekam</u> keine Antwort. Stattdessen <u>blitzte</u> und <u>donnerte</u> es und eine Hexe von schrecklicher Gestalt <u>stand</u> hinter der Königstochter. Das arme Mädchen schrie aus Leibeskräften: „Gottfried, ich kann nur bei dir bleiben, wenn du mich von diesem schrecklichen Weib erlöst."
Die Hexe <u>ging</u> auf Gottfried zu und sprach: „Du hast dich mir widersetzt. Dafür sollst du bestraft werden." Mit diesen Worten zog sie ihm den Handschuh mitsamt seiner Hand ab und <u>verschwand</u>. Gottfried fiel auf der Stelle in Ohnmacht.
So lag er drei Tage und drei Nächte. Und als er endlich <u>aufwachte</u>, lag neben ihm ein goldenes Buch, das auf einer Seite aufgeschlagen war. Auf dieser stand in silberner Schrift geschrieben: „Gehe zum Zauberer des Ostens. Er wird dir helfen." …

Seite 66

Der Schatz

Es war einmal ein Zwerg, der lebte im Wald. Jeden Tag suchte er nach schönen Blättern, die er verkaufen konnte. Eines Tages kam der Zwerg an einer Höhle vorbei. In der sah er Diamanten glitzern. Da wollte der Zwerg in die Höhle gehen. Plötzlich sprang ihm ein Drache vor die Füße und rief: „Nichts kriegst du von meinen Diamanten!" Der Zwerg antwortete: „Aber ich habe Diamanten dringend nötig!" Doch der Drache ließ sich nicht überreden und der Zwerg ging fort.
Er seufzte: „Ach, ich wünschte, ich käme an die Diamanten heran." Da hörte er eine Stimme, die sprach: „Ich könnte dir behilflich sein." „Ja, wie denn?", fragte der Zwerg. Die Stimme sagte: „Komm, wir gehen gemeinsam zur Höhle. Ich kann den Drachen überreden, weil ich ihn kenne."
Der Zwerg wanderte zurück zur Höhle. Unterwegs fiel vor ihm ein Sack voller Gold zu Boden. Der Zwerg eilte zu ihm hin und steckte das Gold in seine Taschen. Er ging weiter. Aber als er an der Höhle angekommen war, fragte ihn der Drache: „Du willst wohl nie aufgeben?" Der Zwerg rief: „Ich habe jemanden mitgebracht, der dich überreden kann." Der Drache war erstaunt. Da rief die Stimme: „Das ist ein armer kleiner Zwerg. Willst du ihm nicht etwas abgeben?" Der Drache fragte: „Bist du es, der mich auf die Welt gebracht hat? Bist du der Zauberer?" Die Stimme antwortete: „Ja, der bin ich. Also gib ihm etwas ab!" Der Drache verdrehte die Augen und marschierte in die Höhle. Als er zurückkam, hatte er viele Diamanten bei sich. „Hier, das wolltest du doch." Der Zwerg bedankte sich: „Oh, das ist aber nett. Jetzt wird aus mir ein reicher Zwerg."
Der Zwerg ging nach Hause. Er sprach zu der Stimme: „Könntest du mir auch eine Arbeit verschaffen?" „Nun gut, du darfst eine Arbeit auf dem Markt haben." Damit war der Zwerg zufrieden und gab dem Zauberer seine Blätter, die er im Wald gesammelt hatte. „Gut, dass ich eine Arbeit habe. Ich kann mich schon gar nicht mehr daran erinnern, dass ich mal arm war."
Als er am Hafen ein schönes Schiff sah, wünschte er sich, Matrose darauf zu sein. Auch dies wurde sogleich Wirklichkeit. So wurde er sehr glücklich und war bald ein berühmter Seefahrer. Und wenn er nicht gestorben ist, dann ist er noch immer auf hoher See.

Seite 67

2 A = ja, B = nein, C = nein, D = ja

3 Der Froschkönig. Gemeinsamkeiten: Frosch als Prinz, Prinz und Prinzessin heiraten am Schluss; Unterschiede: Prinzessin war vorher ein Frosch, Prinz und Prinzessin sind am Ende Frösche.

So schön sind Herbst und Winter

(Schülerband: Seite 68–81)

Seite 68

2 A = Frühling/ März (es taut), B = Herbst (reife Äpfel), C = Winter (Weihnachten), D = Spätsommer/Herbst (gemähte Felder, Wind zum Drachensteigen)

Seite 69

4 Die Originaltitel lauten:
A: *Anna Klie*: Tauwetter
B: *Robert Reinick*: Vom schlafenden Apfel
C: *Arno Holz*: Weihnachten
D: *Victor Blüthgen*: Septembermorgen

Seite 71

6 a) der Klubu, der Lamenturo, die Warzenwogen, der Wald, der Wodu, der Hodudodu, die Sagabundas, der Nebuloso, Akakazias, die Wiebelkiesel

---

Seite 72

2 b) sah – nah, kaum – Baum, Natur – nur, hält – fällt

3 a) + b) **Herbstbild**
Friedrich Hebbel

Dies ist ein Herbsttag, wie ich keinen sah! a
Die Luft ist still, als atmete man kaum. b
Und dennoch fallen raschelnd, fern und nah, a
die schönsten Früchte ab von jedem Baum. b

O stört sie nicht, die Feier der Natur! c
Dies ist die Lese, die sie selber hält, d
denn heute löst sich von den Zweigen nur, c
was von dem milden Strahl der Sonne fällt. d

Seite 73

4 a) 1 = Tal, 2 = gerne, 3 = geworden, 4 = Norden, 5 = Weihnachtsmann
b) 1. Strophe Paarreim, 2. Strophe Kreuzreim

5 Vers 6 = 4; Vers 11 = 10; Vers 19 = 18; Vers 26 = 24

Gewitter
Erwin Moser

Der Himmel ist blau
Der Himmel wird grau
Wind fegt herbei
Vogelgeschrei
Wolken fast schwarz
Lauf, weiße Katz!
Blitz durch die Stille
Donnergebrülle
Zwei Tropfen im Staub
Dann Prasseln auf Laub
Regenwand
Verschwommenes Land
Blitze tollen
Donner rollen
Es plitschert und platscht
Es trommelt und klatscht
Es rauscht und klopft
Es braust und tropft
Eine Stunde lang
Herrlich bang
Dann Donner schon fern
Kaum noch zu hör'n
Regen ganz fein
Luft frisch und rein
Himmel noch grau
Himmel bald blau!

Seite 77

6 a) Die Wolken jagen. Die Kälte beißt. Schneeflocken tanzen. Die Sonne lacht. Der Sturm tobt.

Seite 80

Waagerecht: 1 = Silben, 3 = Reim, 4 = Paarreim, 5 = Verse, 7 = Kreuzreim, 9 = Poesie
Senkrecht: 2 = Strophen, 6 = Haiku, 8 = Dichter, 10 = Elfchen
Lösungswort: Reimschema

Seite 81

1 b) A Es handelt von einem träumenden Baum.
B Der Baum träumt vom Frühling.
C Das Gedicht erzählt von Schneemännern.
D In den Geschäften schmelzen die Schneemänner.

3 *Winternacht* A: Kreuzreim, B: 3, C: 4
Winterspiel A: Paarreim, B: 1, C: 14

Das Gespenster-Casting
(Schülerband: Seite 82–97)

Seite 90

1 a) Annika = 3   Sinan = 3   Bastian = 4

Seite 91

2 Mit den Bereichen der Kontrollscheibe können genauere Rückmeldungen zu dem geschriebenen Text gegeben werden.

Seite 94

1 b) *möglicher Text*:
Nach dem Gespenster-Casting sah man <u>fröhliche</u> Gespenster in Gruppen zusammenstehen und sich <u>angeregt</u> unterhalten. Einige schwebten über den Stehtischen, andere zogen sich in eine <u>dunkle</u> Ecke zurück, wieder andere hockten auf den <u>schmutzigen</u> Mauerresten. Dann begann die Vampirband, den <u>neuesten</u> Knochensong zu spielen, und brachte die Masse der Gespenster <u>schnell</u> in Bewegung. Alle stürzten <u>begeistert</u> auf die Tanzfläche und es wurden die Hüften geschwungen bis zum Morgen.

2 b) *möglicher Text*:
Am Morgen nach dem großen Gespenster-Casting nahte der Abschied. Alle lagen sich weinend in den Armen und versprachen, sich bald wieder zu treffen. Der Hund von Geist Gruselmeier schien besonders durcheinander zu sein. Zuerst leckte <u>das</u> <u>traurige</u> <u>Tier</u> Gräfin Tamara das Blut aus den Mundwinkeln. Danach schnappte <u>er</u> nach einer Rippe des alten Skelettes Kasimir, um sich zu trösten. Das war zu viel, und <u>das</u> <u>Vieh</u> wurde kurzerhand in die Reisetasche seines Herrchens gesperrt.

Seite 95

1 + 2 ___ = wörtliche Reden; . . . . = Begleitsatz

Aurora kam die Casting-Aufgabe sehr gelegen. „Gut, dass ich in meinem früheren Leben so sportlich war“, murmelte sie vor sich hin. „Am besten spuke ich auf dem Tennisplatz“, sprach sie weiter.
Zwei Hotelgäste kämpften dort bereits erbittert um jeden Punkt. Hin und her flogen die Bälle. Einige Zuschauer feuerten die Spieler an: „Los doch! Lauf zum Ball!“ (A). Doch auf einmal schienen die Herren durcheinander zu sein. Der eine warf mit Schwung den Ball zum Aufschlag in die Höhe, doch als er ihn mit dem Schläger treffen wollte, schlug er ins Leere. „So ein Mist“, fluchte er. Verwirrt schaute er um sich. Der Ball war nirgends zu sehen. Ein Zuschauer machte eine spöttische Bemerkung: „Na, wieder einen Luftball geschlagen?“ (B) Der Spieler wiederholte den Aufschlag, doch wieder löste sich der Ball in Luft auf. Während er sich nach ihm umschaute, traf ihn der Ball am Hinterkopf. Wütend ging der Gast auf seinen Gegner zu und beschimpfte ihn: „Jetzt lass das endlich sein! Du spinnst wohl!“ (C) Sein Mitspieler nahm darauf den Ball, spielte ihn mühelos auf die andere Seite und sagte grinsend: „Siehst du! Es liegt nur an dir“. Doch gerade als der Ball in Höhe des Netzes kam, schien dieses zu wachsen. Immer höher stieg es und fing den Tennisball ein. „Was machst du da nur?“, schrie der ältere Tennisspieler. Da stotterte der andere: „Ich, ich glaube, hier stimmt was nicht.“ Plötzlich begannen die Bälle zu erwachen. Ohne mit dem Schläger in Berührung zu kommen, hüpften sie über den Platz.

Seite 97

2 Tim entdeckt auf dem Dachboden kleine Gespenster. Sie werden immer kleiner, weil sie vom Staub und Schmutz leben, Tims Mutter aber alles möglichst sauber hält. Tim hilft den Gespenstern, indem er ihnen Spinnen, Staub und alten Sperrmüll bringt. Dafür müssen sie ihm versprechen, nicht größer als Tim zu werden.

3 a) 3 = Mama / Papa

b) Beide gehören zu Tims Familie. Der Spinnenjäger ist größer als Tim und männlich, also der Vater. Auch die Abstauberin ist größer als Tim, aber weiblich, also die Mutter.

Ein Besuch im Zoo
(Schülerband: Seite 98–121)

Seite 98

2 c) *mögliche Beschreibung*:
Du gehst vom Kassenhäuschen nach rechts und folgst dem breiten Weg immer weiter geradeaus. Das Aquarium, das Exotenhaus und das Kängurugehege lässt du rechts liegen. Dann erreichst du die Zebras, Kamele und Strauße. Hinter deren Gehege knickt der Weg nach links ab; dieser Abbiegung folgst du. Nach der Kurve kannst du schon die Rothirsche sehen. Wenn du geradeaus weitergehst, kommst du direkt bei meinen Lieblingstieren an. Ihr Gehege liegt direkt hinter dem der Rothirsche.
Welche Tiere sind es? Affen (Affenhaus)

2 d) *mögliche Schwierigkeiten*:
Verben sind nicht genau genug; keine genauen Benennungen; Richtung wird nicht angegeben; es wird nicht deutlich, wie weit man gehen soll und woran man vorbeigehen soll; Orientierungspunkte fehlen oder werden falsch angegeben; Reihenfolge der einzelnen Anweisungen ist nicht richtig…

Seite 99

3 Schüler halten sich an den breiten Hauptweg, der durch den Zoo führt; sie nennen alle Tiergehege (1–26) und stellen fest, welche Tiere man jeweils dort beobachten kann.

Seite 100

1 Beschreibung A: linke Seite, dritter Fisch von oben / Beschreibung D: rechte Seite; vierter Fisch von oben

2 a) Beschreibung B ist nicht eindeutig: Im Aquarium sind zwei Seesterne zu erkennen, beide haben fünf Arme; genauere Angaben zum Aussehen und zu Farben finden sich nicht. / Beschreibung C ist ebenfalls nicht eindeutig: Sie ist zu allgemein und trifft auf nahezu alle Fische zu. Auch werden bei der Beschreibung keine Farben genannt.

b) Beschreibung B:
So einen Seestern hätte ich auch gerne in meinem Aquarium zu Hause. Ich meine den gelb-orangen mit den roten Punkten drauf, der links auf dem Boden liegt. Die Enden seiner fünf Arme sind weiß und leuchten im blauen Wasser.
Beschreibung C:
Dieser Fisch ist klasse. Er ist himmelblau und hat eine große, lang gezogene Schwanzflosse. Seine Flossen schimmern zartgrün und sein Körper ist mit vielen schwarzen Punkten übersäht. Sein Maul läuft etwas spitz zu, sodass es fast wie ein Kussmund aussieht.

S. 102/103

1 b) *mögliche Beschreibung:*
Das Tier, das ich beschreiben will, ist eine Ziege. Es ist die größte Ziege dieses Geheges. Sie hat auf dem Kopf zwei gebogene braune Hörner, die sehr spitz sind und sie angriffslustig aussehen lassen. Die Kopfform ist im Verhältnis zum Körper sehr klein und schmal. Die Ohren sind weiß und stehen nach außen ab. Der kräftige Körper ist mit mausgrauem, kurzem Fell bedeckt. Der Schwanz ist recht kurz und leicht zum Rücken hin gebogen. Die Haare auf dem Rist sind heller und schimmern fast weiß. Sie hat vier dünne Beine und steht auf schmalen, dunkelgrauen Hufen. Da sie dem Mädchen im Streichelzoo aus der Hand frisst, scheint sie sehr lieb und gar nicht scheu zu sein.

Seite 104

1 a) Wo leben Kamele? Was fressen Kamele? Wie leben sie? Wie pflanzen sie sich fort? Wie lange leben die Kamele? Welche Arten gibt es – wie sind sie miteinander verwandt? Welche Aufgaben haben Kamele? Wozu werden sie verwendet? Kann man sie als Haustiere halten? Wie muss man sie im Zoo halten? Wie lange kommen Kamele ohne Wasser aus? Leben sie in Paaren oder in der Gruppe? …

c) Oberbegriffe: Kamelarten, Lebensraum, Aussehen, Funktionen der körperlichen Merkmale, Nahrung, Besonderheiten, Verhalten, Paarung, Haltung, Nutzen der Kamele für den Menschen …

Seite 105

2 a) Bibliothek: Fachbücher, Biologiebücher, Tierlexika, CD-Roms über Tiere, Was ist was-Bücher …
Zeitschriften: Tierzeitschriften, Zeitschrift Geolino …
Internet: www.geolino.de, www.blindekuh.de, www.wasistwas.de, www.quarks.de, www.wikipedia.de, generell: Stichwortsuche bei www.google.de, www.yahoo.de …
Experten: Zoos, Tierärzte, Tierpfleger, Biologielehrer …

b) Schul- oder Stadtbibliothek, Internet zu Hause oder in der Schule, Verlage, Buchhandel, Bekannte, Freunde, Personen aus den entsprechenden Berufsgruppen, Besuch im Zoo …

c) Im Allgemeinen sollten Stichworte miteinander kombiniert werden, damit die Suchergebnisse reduziert werden können, z. B. „Kamel Nahrung“ oder „Kamel Lebensraum“. Stichworte, die kombiniert werden können, sind: Kamel, Dromedar, Nahrung, Lebensraum, Aussehen, Verhalten, Paarung, Lebensweise usw. Eine Orientierung bei der Suche bieten auch die Fragen, die man zum Tier hat.

Seite 106

1 b) *mögliche Sinnabschnitte und Zwischenüberschriften*:
Z. 1–4 Man unterscheidet Großkamele und Kleinkamele,
Z. 5–10 Trampeltier und Dromedar in ihrem Lebensraum (Großkamele),
Z. 11–16 Wasser- und Nahrungsaufnahme,
Z. 17–26 Aussehen und besondere Merkmale / Funktionen dieser körperlichen Merkmale,
Z. 27–33 Verhalten bei Sandstürmen / Umgang mit Kälte und Hitze / Nutzen der Kamele für den Menschen

---

Seite 107

2 a) + b)
neue Informationen:
Kamele werden auch „Trampeltiere" genannt; es sind eigentlich gefährliche Wildtiere – besonders in der Brunftzeit; sie haben oben im Mund eine Kauleiste und nur unten nachwachsende Zähne; im Zoo bekommen sie Holz zum Knabbern, damit die Zähne nicht zu lang werden; die Zähne sind alle braun und schwarz, da sie durch die Gerbsäure in den Pflanzen verfärbt sind; Kamele können nicht ruhig stehen bleiben und haben bei der Untersuchung besonders Angst vor Spritzen; wenn sie in Panik geraten, können sie Menschen schwer verletzen; solche Verletzungen sind in Zoos sehr selten; sie werden von ihren Fressfeinden in der freien Wildbahn oft angegriffen und sind auch durch wochenlange Dürren und reißende Fluten gefährdet.

3 a) + b)
Der Text „Kamele" auf S. 106 ist informativer, da er gegliedert alle wesentlichen Informationen zu Kamelen enthält, z. B. über Kamelarten, Lebensraum, Nahrung usw. Dieser Text ist sachlich verfasst. Der zweite Text, „Kamele beim Arzt" auf S. 107, wirkt unterhaltsamer, da der Leser einen Tag im Zoo mit einem Tierarzt „erlebt". Außerdem ist der Text nicht sachlich, sondern anschaulich und lebendig geschrieben und enthält wörtliche Aussagen des Tierarztes. Daher stammt der erste Text wahrscheinlich aus einem Lexikon, und beim zweiten Text könnte es sich um eine Reportage aus der Zeitung oder einen Text aus dem Internet handeln.

Seite 108

1 + **2** a)–c) s. Mindmap S. 19

3 <u>Schreibplan:</u>
Einleitung: das Tier vorstellen, den Leser neugierig machen
Hauptteil: Kamelarten, Lebensraum, Aussehen, Funktionen der körperlichen Merkmale, Nahrung, Besonderheiten, Verhalten, Paarung, Nutzen der Kamele für den Menschen, Haltung im Zoo …
Schluss: Abschlusssatz oder auch kleine Anekdote formulieren

4 *mögliches Wortmaterial*:
- das Kamel hat lange Wimpern/ das Kamel verliert ein Viertel seines Körperwassers, ohne auszutrocknen oder zu überhitzen/ es kann unvorstellbare Mengen an Wasser aufnehmen/ das dicke Fell dient nachts zum Warmhalten und tagsüber zum Abkühlen …
- Verben: leben, erreichen, schreiten, anpassen, abkühlen, überhitzen, einsinken, aufnehmen, absenken, urinieren, sparen, verletzen, auswachsen, nachwachsen …
- Adjektive: elegant, weit ausgreifend, angepasst, fest, lang, kräftig, erkennbar, langwimprig, zweihöckrig, gefährlich, friedlich, nachwachsend, ruhig, panisch …
- Wortfeld Kamel: Wüstenschiff, Wüstentier auf vier Beinen, Pflanzenfresser, Wassersparmodell auf vier Beinen, Trampeltier, Nutztier, Lastentier, flauschiger Energiespeicher, Wildtier, Wüstenbewohner …

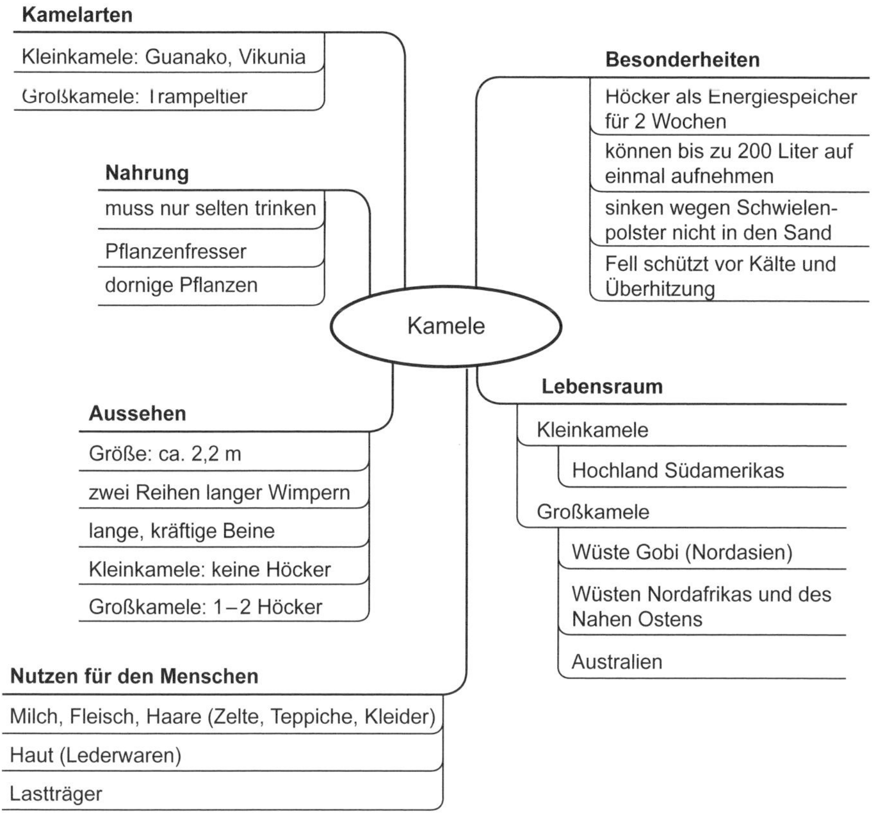

Seite 110

1 a) Überarbeitungshinweise für den Schülertext:
- Persönliche Äußerungen, Kommentare und Bewertungen vermeiden (Z. 2–3, 7–8, 11, 12, 23–24)
- Satzanfänge abwechseln (Z. 1, 3, 4, 5, 8, 19)
- Präsens als Zeitform verwenden (Z. 3, 10, 19, 20)
- Absätze setzen (z.B. Z. 6, 8, 17, 20)
- Struktur gerät durcheinander (Z. 20–23 in Z. 5 ergänzen, Stichwort „Nahrung")
- Stichworte zu Gattung, Lebensraum, Aussehen, Nahrung, Bedrohung/ Gefahren, Entwicklung werden dargestellt; weitere Informationen zu Aussehen, Lebensraum, Alter, besondere Merkmale usw. fehlen oder werden nur sehr knapp dargestellt
- anschaulicher und lebendiger schreiben; der erste Absatz wirkt aufgrund der Hauptsätze langweilig

Seite 111

1 a) Wo leben Schimpansen? Wovon ernähren sie sich? Was fressen sie besonders gerne? Wie sehen sie aus? Welche Fähigkeiten haben sie? Wie vermehren sich diese Affen? Wie alt können sie werden? Sind sie den Menschen wirklich ähnlich? Wie werden sie im Zoo gehalten? …

b) Aussehen: Fell ist grau bis schwarz gefärbt; Daumen ist Fingern zum besseren Greifen gegenübergestellt; Arme länger als Beine
Größe: Männchen sind etwa 50 kg schwer, fast 1,70 m groß; Weibchen sind kleiner
Alter: ca. 40 Jahre
Verhalten: bewegen sich auf allen Vieren; stützen sich mit den Händen ab
Lebensweise: schlafen auf Bäumen in Nestern; verbringen Wachzeit am Boden; leben in Gruppen; nach Geschlechtsreife (9-11 Jahre) reihen sie sich in die Rangordnung der Gruppe ein
Lebensraum: Waldgebiete und Savannen des Flachlands von Afrika
Ernährung: Früchte und Pflanzenkost, teils auch Fleisch und Insekten – Nahrung hängt vom Angebot der Umgebung ab; Flüssigkeitsbedarf wird über Früchte gedeckt
besondere Merkmale: anpassungsfähig, daher häufig in Zoos zu finden; doppelt so viel Muskelmasse wie der Mensch; kräftige Zähne; intelligent – z. B. Lernvermögen, sie lernen durch Zuschauen (Öffnen von Schlössern, Verständnis für Zaheln)

c) Schreibplan:
Einleitung: Tier vorstellen, Leser neugierig machen, Art, Gattung, Lebensraum
Hauptteil: Aussehen, Größe, Alter, Verhalten, Lebensweise, Ernährung
Schluss: besondere Merkmale, Text mit kleiner Geschichte abrunden

---

Seite 112

1 b) Spring/maus, Zoo/gast/stätte, Schnee/leopard, Klein/tier/gehege, Hänge/bauch/schwein, See/löwe, Horn/schnecke, Faul/tier, Elefanten/schule, Affen/haus, Vogel/käfig, Spiel/platz, Vogel/arten, Streichel/zoo

c) der Streichelzoo: Zoo, in dem man kleine Tiere streicheln kann
die Springmaus: Maus, die springen kann
die Zoogaststätte: Gaststätte im Zoo
der Schneeleopard: Leopard, der weiß wie Schnee ist
das Kleintiergehege: Gehege, in dem kleine Tiere untergebracht sind
das Hängebauchschwein: Schwein, das einen hängenden Bauch hat
der Seelöwe: Tier aus der See, das aussieht wie ein Löwe
die Hornschnecke: Schnecke, deren Haus aus Horn besteht
das Faultier: Tier, das faul ist und sich kaum bewegt
die Elefantenschule: Schule, in der die Elefanten ihre Aufgaben lernen
das Affenhaus: Haus, in dem die Affen untergebracht sind
der Vogelkäfig: Käfig, in dem Vögel als Haustiere gehalten werden
der Spielplatz: Platz, auf dem Kinder spielen
die Vogelarten: verschiedene Arten von Vögeln

2 das Singhuhn, der Kletterfisch, der Krümelwurm, der Glibberaal, das Glückspferd, die Schreckwespe, die Steinschlange, die Herzmaus, der Gewittervogel, der Graspapagei …

3 Bär, Grünbar, Ameisengrünbär, Zitterameisengrünbär
Kröte, Kriechkröte, Riesenkriechkröte, Donnerriesenkriechkröte
Karpfen, Schleierkarpfen, Rotschleierkarpfen, Dosenrotschleierkarpfen

---

Seite 113

1 a) himmelblau, schneeweiß, nachtschwarz, nachtblau, taubenblau, ozeanblau, tomatenrot, grasgrün, olivengrün, kleegrün, smaragdgrün, sonnengelb, nachtgrau, mausgrau, hellblau, dunkelblau, hellrot, dunkelrot

2 Der Papagei, der auf dem Ast sitzt, hat einen erdbeerroten Streifen über dem Schnabel. Sein Köpfchen ist gelbgrün. Die Flügel bestehen aus ozeanblauen und dunkelgelben Federn. Den Papageien zieren leuchtend blaue, tomatenrote und sonnengelbe Schwanzfedern.

3 Kriechtier, Großwild, Schmusebär, Affenkäfig, Blindschleiche, Seelöwe, Streichelzoo, Elefantenhaus, Wildtier, Vogelhaus, Kleinwild, Freianlage, Freiwild…

Seite 114

1 c) Was? Känguru sprang über den Zaun des Freigeheges im Zoo und verletzte ein Mädchen.
Wer? Tatjana Hille wurde verletzt; Oma Gertrud war Begleitung
Wann? in den Ferien
Wo? im Zoo in Hermsbeck
Wie? Tatjana wollte das Känguru mit Trockenfutter füttern; sie zog Hand erschreckt zurück; Känguru sprang über den Zaun, boxte Tatjana und nahm ihr die Tüte weg
Warum? Känguru wollte unbedingt das Futter fressen
Welche Folgen? Tatjana lag mit blauem Auge auf dem Boden; ihr Kleid war zerrissen; Meldung bei Zoodirektion; Eis zum Kühlen; 2 Freikarten

d) Schreibplan:
Einleitung: Ereignis: Was? Wer? Wann? Wo?
Hauptteil: Wie und warum ist es dazu gekommen?
Schluss: Folgen des Ereignisses?

e) *möglicher Bericht aus Tatjanas Sicht*:
Ich besuchte in den Ferien mit meiner Oma den Zoo in Hermsbeck. Als wir an das Freigehege mit den Kängurus kamen, ging Oma Gertrud zur Toilette. Ich steckte meine Hand mit dem Trockenfutter durch die Holzplanken des Zaunes. Eines der Kängurus kam so schnell herangesprungen, dass ich vor Schreck meine Hand wegzog. Aber das Känguru wollte nur noch das Futter. Es sprang mit einem Riesensatz über den Zaun, boxte mich und stieß mich um. Dann nahm es die ganze Tüte mit dem Futter und fing unter dem nächsten Baum an zu fressen. Ich lag mit einem blauen Auge auf dem Boden, und mein Kleid war zerrissen. Nach der Meldung der Flucht des Kängurus bei der Zoodirektion gab man mir Eis zum Kühlen und zwei Freikarten für mich und Oma.

Seite 115

1 a) Was? Unfall vor dem Pantherkäfig aus Unachtsamkeit
Wer? Mark Meyer (11 Jahre), meine Eltern, ältere Dame mit Hund
Wann? am 23.05.200…, nachmittags um 15.00 Uhr
Wo? Münster, Allwetterzoo
Wie? Panther schlich auf mich zu und sprang gegen das Käfiggitter; der Terrier rannte weg und zog an der Leine; ich stolperte rücklings über die Hundeleine
Warum? aus Angst vor dem Panther
Welche Folgen? Arm gebrochen, Gips; Behandlung im Krankenhaus

b) *möglicher Bericht aus der Sicht von Mark:*
Am 23.05.2008 kam es nachmittags um15.00 Uhr zu einem Unfall im Zoo. Als ich an diesem Tag mit meinen Eltern den Allwetterzoo in Münster besuchte, schauten wir uns auch die Panther in ihrem Käfig an. Mit uns zusammen stand eine ältere Frau am Gehege, die ihren Terrier an der Leine führte. Der Panther im Käfig schlich auf mich zu und sprang gegen das Gitter. Der Terrier rannte aus Angst weg und zog an der Leine. Ich machte einen Schritt rückwärts und stolperte rücklings über die gespannte Hundeleine. Dabei brach ich mir den Arm und musste im Krankenhaus behandelt werden.

Seite 116

1 *mögliche Anmerkungen:*
- überflüssige Anmerkungen und Kommentare streichen (Z. 2–4, Z. 5 „sehnsüchtig"; Z. 8/9 „denn sie bekommen ja tagsüber nichts Gescheites"; Z. 12 „Das war mal wieder typisch!"; Z. 16/17 „flink […] um den „Meerkater" zu retten"; Z. 17/18 „Schließlich tat mir der kleine Kerl ja auch furchtbar leid."; Z. 19 „plötzlich"; Z. 22/23 „jetzt wieder ganz selbstbewusst […] und rannte flink zum Futternapf"; Z. 24–26 „Die drei fressenden Meerkatzen schauten mich erstaunt an, ließen sich aber nicht stören. Unheimlich dankbar, diese Kerlchen."
- persönliche oder umgangssprachliche Darstellungen durch sachliche Ausdrücke ersetzen (Z. 7 beiden Mädels => beiden Weibchen; Z. 8/9 nichts Gescheites => keine Nahrung; Z. 10 Frechdachs => Jungen; Z. 28 erlöst => entdeckt)
- Satzbau sachlicher gestalten (Z. 13 Der Meerkatzenjunge jammerte oben auf der Buche; Z. 20 Er hielt mir dabei ein Auge zu.)
- W-Fragen: genaues Datum fehlt als Angabe für die Versicherung

2 *möglicher Bericht:*
Als ich gestern, 13.6.2008, um 19.30 Uhr die Meerkatzen im Gehege 8 des Zoos füttern wollte, kam es zu einem Unfall. Mir fiel auf, dass Maja und Mirja zwar schon auf mich warteten, doch Mojo, einen Meerkatzenjunge, konnte ich nirgends entdecken. Daher gab ich beiden Weibchen schon mal Futter, denn sie bekommen tagsüber keine Nahrung. Dann suchte ich das Gehege noch einmal genau nach dem Jungen ab. Schließlich fand ich ihn: Er hatte sich auf den obersten Ast einer im Gehege stehenden Buche geflüchtet und schien allein nicht mehr hinunterzukommen. Der Meerkatzenjunge jammerte oben auf der Buche. Schnell besorgte ich eine Leiter und verkeilte sie zwischen dem Stamm und dem unteren Ast. Ohne mir eine Strategie zu überlegen oder ein Körbchen mitzunehmen, kletterte ich nach oben. Als Mojo mich sah, sprang er auf meine Schultern und presst sich ganz fest an mich. Er hielt mir dabei ein Auge zu, und so fiel mir der Abstieg ziemlich schwer. Die letzte Stufe verfehlte ich prompt. Mojo sprang im Fallen auf den Boden, doch ich rutschte durch die Stufen und kippte samt Leiter um. Ich lag hilflos im Gehege und wurde erst eine halbe

Stunde später von einem anderen Pfleger entdeckt. Bei dieser Rettungsaktion brach ich mir ein Bein und musste im Krankenhaus versorgt werden.

Seite 117
Kompetenz-Check: Berichten (Musterlösung)

1 a) Mutter und Tochter stehen im Zoo vor dem Schimpansenkäfig und beobachten einen der Affen; Tochter hält dem Affen eine Banane durch die Gitterstäbe; statt sich die Banane zu greifen, reißt der Affe dem Mädchen die Brille von der Nase; das Mädchen weint und bekommt die Brille nicht zurück; sie rufen einen Zoowärter; als der Zoowärter den Käfig betritt, lässt der Schimpanse die Brille fallen; die Brille ist zerbrochen und der Affe turnt auf dem Baum herum

b) Was? Diebstahl einer Brille durch einen Schimpansen
Wer? Christina Bastein und ihre Mutter; Zoowärter; Schimpanse
Wann? am Sonntag, 15. Juni 2008, 14.30 Uhr
Wo? Zoo in Wuppertal
Wie? ich wollte den Affen mit einer Banane füttern; Affe griff durchs Gitter und stahl meine Brille
Warum? Affe fand Brille interessanter als Banane
Welche Folgen? Affe lässt Brille fallen; sie zerbricht

c) *möglicher Bericht:*
Als ich, Christina Bastein, am Sonntag, 15. Juni 2008, den Zoo in Wuppertal besuchte, kam es beim Schimpansenkäfig zu einem Unfall. Um circa 14.30 Uhr schauten meine Mutter und ich den Schimpansen beim Klettern zu. Als einer der Affen ganz nah an die Gitterstäbe herankam, wollte ich ihm mit einer mitgebrachten Banane eine Freude machen. Ich trat an den Käfig und hielt die Frucht durch die Gitterstäbe. Aber statt sich die Banane zu greifen, stahl mir der Schimpanse die Brille von der Nase, da er sie wohl interessanter fand als die Banane. Nachdem ich die Brille nicht wiederbekommen konnte, riefen meine Mutter und ich einen Zoowärter, der in den Käfig eilte. Doch als der Wärter hineingegangen war, ließ der Affe meine Brille einfach fallen, sodass sie zerbrach. Wir sammelten die Scherben ein, und der Affe turnte weiter auf dem Baum herum.

Seite 121

2 1. = A, 2. = D, 3. = C, 4. = B

3 A: Die Jungen füttern den Bären mit mitgebrachten Brötchen, belegten Broten, Milch, Löwenzahn und Mäusen. Doch das reicht Puh nicht. Er frisst auch Manfreds Kaninchen und seine Meerschweinchen.
B: Manfred hat Angst vor dem Bären, da er Mungo mit seiner Vordertatze gekratzt hat. Außerdem ist der Bär, wenn er aufrecht steht, mittlerweile so groß wie Manfred, der der Kleinste von den dreien ist. Er will den Bären nicht mehr anrühren, weil er seine Kaninchen und die Meerschweinchen aufgefressen hat.
C: Um den Bären loszuwerden, lässt Mungo eines Abends die Tür des Schuppens offen, damit Puh weglaufen kann und sie sich nicht mehr um ihn kümmern müssen.
D: Nachdem Puh aus dem Schuppen weggelaufen ist, rennt er in den Stadtpark und wird

dort von Fräulein von Osten und Fräulein Lortzing, der Klavierlehrerin, entdeckt. Sie machen eine Aussage bei der Polizei. Am nächsten Morgen wird Puh von Feuerwehrleuten und den Wärtern des Tiergartens eingefangen und in seinen Zwinger im Zoo zurückgebracht.

E: Der Wärter des Zoos ahnt, dass die drei Jungen den Bären freigelassen haben, da diese ihm bekannt vorkommen. Aber sie können sich herausreden und er kann ihnen nichts beweisen. Und so geht er wieder.

4 Die drei Jungen wollen den Bären wieder loswerden, da er immer weiter wächst, so dass sie nicht genügend Futter für ihn besorgen können. Außerdem macht er ihnen Angst, da er so kräftig ist, dass er beginnt, sie zu verletzen, als er spielen will. Zudem tötet er Manfreds Haustiere, um etwas zu fressen zu haben. Sie merken, dass er nicht mehr das kleine Kuscheltier ist, das man zu Hause halten kann.

Ein Jugendbuch vorstellen

(Schülerband: Seite 122–141)

Seite 124

1
- kopieren, entleihen, PC-Spiele suchen, finden und spielen, Bücher in Regalen finden, lesen, an einer Bibliotheksführung teilnehmen, Suche im Bibliothekskatalog mit PC, Filme betrachten, Zeitschriften lesen, in Regalen stöbern
- an Kinder und Jugendliche, Erwachsene, die für ihre Kinder etwas zum Lesen oder Vorlesen suchen, an anderssprachige Kinder und Jugendliche, (z. B. türkische Jugendbücher)

2 den Hund mit in die Bücherei nehmen, mit Skateboard herumfahren, Spiele ausräumen und liegen lassen, durch die Bibliothek rennen, Eis essen

3 In dem Regal hinter dem Ausleihtresen gibt es ein Regal für Abenteuerromane für 10- bis 12-Jährige.

Seite 126

2 b) 1. Schritt = D; 2. Schritt = B; 3. Schritt = F; 4. Schritt = A; 5. Schritt = C; 6. Schritt = E

Seite 127

3
- Charlie und die Schokoladenfabrik als Buch (und als Spielfilm von 2005 = Spi), Sophiechen und der Riese als Buch (ist verliehen)
- ERZ82Dahlgelb
- In dem Regal „Erzählungen“, Signatur suchen (82), dann nach dem Alphabet den Autor suchen (D wie Dahl)

Seite 128

2 b) B: Herr der Diebe
C: Wilde Tiere
D: Wir alle für immer zusammen
A: Charlie und die Schokoladenfabrik

c) Herr der Diebe: Venedig, ein maskierter Unbekannter / Wilde Tiere: Abbildung vieler Tierarten, Sachbuch / Wir alle für immer zusammen: Der Titel (Wir alle ...) findet sich bei Pollekes Familienbeschreibung im Klappentext wieder / Charlie und die Schokoladenfabrik: Im Titel steckt die Schokolade und der Name des Protagonisten: Charlie

---

Seite 132

3 D

4 A ... Willy Wonka in seiner Schokoladenfabrik zu besuchen.
B ... ihr die Goldene Eintrittskarte für 500 Dollar verkauft.
C ... nach Hause zu rennen und erst stehen zu bleiben, wenn er angekommen ist.

Seite 133

1 A = 3, B = 5, C = 4, D = 1, E = 2

2 b) C, denn für den Fortgang der Handlung und Charlies weiteres Leben ist es sehr wichtig, dass er doch noch eine Eintrittskarte findet.

Seite 134

2 b) Schritt 1, Angaben zu Buch und Autor: F, G, I, J, K
Schritt 2, Handlung zusammenfassen und die wichtigsten Personen nennen: E
Schritt 3, Leseprobe: D
Schritt 4, Persönliche Beurteilung: A, B, C

Seite 136

2 a)
- Der Junge spricht sehr umgangssprachlich, er hört sich unsicher und schlecht vorbereitet an, das kann am Anfang noch witzig wirken, vor allem die jugendliche Sprache wirkt auf Dauer aber störend, wenn der Sprecher sich selbst ständig durch „äääh" u.ä. unterbricht.
- Das Mädchen spricht gut vorbereitet, sie schaut zwischendurch auf Karteikarten nach, was sie sagen möchte, dadurch kann sie flüssig und frei vortragen, sodass man ihr gut folgen kann.

b) voll neugierig, hammergeiles Zeug, oder so ähnlich, so'n alter Gangster, Keine Kohle, kein Fun

---

Seite 139

1 *Lösungswort*: Leseratten (D, C, E, G, A)

2 (2) Illustrator, (3) Signatur, (4) Cover, (5) Klappentexte

Seite 141

2 C, F

3 … Mimun mit ihr Schluss gemacht hat und sie ihn sehr gerne mag.

Unterwegs mit der Bahn

(Schülerband: Seite 142–159)

Seite 146

5 a) (3) Zwei wichtige Erfindungen
- 1. Wagen auf Schienen
- 2. Dampfmaschine
- Idee der Schienen aus dem Bergbau

(4) Die Dampfmaschine auf Rädern
- um 1800 gab es schon funktionierende Dampfmaschinen
- Trevithick setzte die Dampfmaschine auf Räder
- so entstand erste Lokomotive

(5) Maschine in Bewegung
- „Lokomotive" heißt soviel wie „sich von der Stelle bewegende Maschine"
- Kurzwort = Lok

(6) Jungfernfahrt mit 8 km/h
- Jungfernfahrt am 13. Februar 1804
- Höchstgeschwindigkeit: 8 km/h
- nachträgliche Verbesserungen an Technik

b) Die Geschichte der Eisenbahn

Die Eisenbahn gibt es schon seit über 200 Jahren, genauer gesagt, seit 1804. Ihr Erfinder ist der Engländer Richard Trevithick. Die Dampflokomotive entstand aufgrund einer Wette. Zwei wichtige Erfindungen mussten vorher da gewesen sein: Die Wagen auf Schienen und die Dampfmaschine. Trevithick setzte die Dampfmaschine auf Schienen und so wurden die Räder der Lokomotive angetrieben. Daher kommt auch der Name „sich von der Stelle bewegende Maschine".

Seite 147

1 a) Man soll sein Wissen über den ICE 3 testen.

d) 1 Der ICE 3 ist ein Wunderwerk der Technik
2 ICE-Züge werden regelmäßig überprüft
3 Gründe für die Entwicklung des ICE 3
4 Das Kontrollsystem des ICE 3
5 Der Techniker übernimmt die Arbeit

Seite 149

1 C

2 A

3 A: 500 000
B: 300
C: 16 Elektromotoren / 11000 PS
D: 180

4 Die Prozessoren überwachen während der Fahrt den Zug und registrieren jeden Fehler.

5 Durch Funken von den Hochspannungsleitungen können kleine Löcher auf dem Dach entstehen. Es darf aber kein Wasser in den Zug kommen, weil dann Kurzschlüsse entstehen können.

Seite 150

2 b) 1. Siegburg/Bonn – Montabaur – Limburg-Süd
2. 160 – 140 km/h
3. 140/200/140/160 – 140/140/160 – 140 km/h

Seite 151

1 – Köln
– Düsseldorf
– zwischen 9.30 Uhr und 10.15 Uhr
– ICE

2 A = Abfahrtszeit
B = IntercityExpress
C = Zielbahnhof
D = Hauptbahnhof
E = (M) Main

F = Fernbahnhof
G = Gleisnummer
H = Gleisabschnitt
I = bei (in der Nähe von)
J = Ausnahme von den normalen Zeiten
K = Sonntag
L = Samstag
M = April
N = Montag bis Freitag
O = Schnellbahn
P = Regionalbahn
Q = Zugnummer

Seite 152

3 Sie nehmen den ICE 822 um 9.27 Uhr
Abfahrt 9.27 Uhr, Gleis 4; Ankunft in Düsseldorf 9.49 Uhr

4 Hi Paps, damit du weißt, wann wir ankommen, hier einige Informationen, wann du uns abholen kannst. Wir fahren hier in Köln um 9.27 Uhr los und kommen am Hauptbahnhof in Düsseldorf um 9.49 Uhr an. Wir nehmen nämlich den ICE. Achte darauf, dass wir den Zug mit der Zugnummer 822 haben.
Ich freu mich schon auf dich.
Bis morgen, Tim

Seite 153

1 Fehlende Informationen: Ankunftszeit (11.29 Uhr), Gleis (9), Abfahrtzeit (10.58 Uhr), Zugnummer (RE 11113)

Seite 154
Kompetenz-Check: andere informieren (Musterlösung)

Liebe Oma,
ich habe im Internet zwei Verbindungen gefunden. Ich empfehle dir eine Fahrt mit dem ICE-Sprinter, weil du dann besonders schnell bei uns bist und du es auch noch sehr bequem hast. Im ICE-Sprinter hast du jede Menge Service: Wenn du in der 1. Klasse fährst, kannst du zu den Mahlzeiten zwischen heißen und kalten Getränken wählen. Außerdem kannst du dir auch noch Tageszeitungen aussuchen. Auch wenn du in der 2. Klasse fährst, werden dir Speisen und Getränke direkt an deinem Platz angeboten.
Du wolltest zwar erst gegen 10.00 Uhr losfahren, aber dann bist du fast eine Stunde länger unterwegs als mit dem Sprinter. Der fährt in Hamburg am Hauptbahnhof um 6.12 Uhr ab. Auch das Gleis habe ich bereits für dich herausgesucht: Es ist das Gleis 13a/b. Damit du dich nicht mit anderen ICEs vertust, achte auf die Zugnummer. Sie lautet 1034. Ein anderer Vorteil ist zudem, dass du mit dem Sprinter direkt nach Essen fahren kannst und nicht umsteigen musst. Du bist dann schon um 8.53 Uhr da. Du fährst also nur 2:41 Minuten. Der ganze Service des ICE-

Sprinters kostet dich übrigens nur 4,00 Euro mehr: 74,00 Euro statt 70,00 Euro. Eine Sache ist noch wichtig: Du musst unbedingt reservieren!
Wir freuen uns schon alle auf dich. Ich werde dich höchstpersönlich auf Gleis 1 empfangen.

Bis dahin liebe Grüße
dein Marvin

Seite 155

1 a) Die Personen wollen appellieren bzw. informieren.

b) „Der ICE Ferdinand von Berlin nach Düsseldorf hat 10 Minuten Verspätung.“
„Bitte achten Sie auf Ihr Gepäck. Lassen sie es nicht unbeaufsichtigt stehen.“

2 a) Im Mai fährt an zwei Wochenenden ein besonderer Zug, ein Dampfzug.

b) Der Junge bittet seinen Vater darum, mit ihm eine Dampfzugfahrt zu machen. Die Bitte ist als Frage formuliert.

c) Bitte fahre mit mir mit dem Dampfzug. Sollen wir zusammen mit dem Dampfzug fahren?

Seite 156

1 a) Man hört einen k-Laut.

b) Man hört das g bzw. das k.

c) Ich muss „stark“ und „Zug“ schreiben.

d) stark, Zug, erzeugt, Berggelände, schlank, stromlinienförmig, legt

2 1 = Berge + Kuppe
2 = Tage + lich
3 = Zug/Züge
4 = Flüge + Reisen
5 = Kranker + heit
6 = Wege + Biegung
7 = Gebirge + Kette
8 = schweigen + sam
9 = bewegen + lich
10 = parken + Anlage
11 = Zeitungen + Leser

Seite 157

1 A: Wagen 21 / Platz 11, 13, 15, 17
B: Wagen 22 / Platz 101 + 103
C: 11 + 107
D: Wagen 21, Platz 111; Wagen 22 / Platz 105
E: 41, 45, 51, 55, 61, 65, 75, 81, 85, 91, 95
F: 71 + 73 / 72 + 74

Seite 159

4 a) B

b) Z. 3 + 4

5 C

6 a) Cargo-Shuttle und Personen-Shuttle

b) Cargo-Shuttle = Gütertransport, Personen-Shuttle = befördert Menschen

7 RailCab:
– keine festgelegten Fahrpläne / Fahrzeiten / Bahnhöfe
– kein Zugführer/Schaffner
– kein Umsteigen
– Ein Shuttle bietet Platz für 8 Personen.
– RailCab ist kleiner und moderner.

Schieß den Ball ins Tor

(Schülerband: Seite 160–177)

Seite 163/164

3 – Wo? Auf dem Fußballplatz
– Hauptpersonen: Vanessa, Frau Zimperlich, Amelie
– Wer erzählt? Vanessa
– Was passiert? Vanessa wird ausgewechselt

4 b) (1) Z. 1–5; (2) Z. 6–11; (3) Z. 12–16

5 a) (4) Die Pinneberger Kickerdirn greifen wieder an (Z. 18–21)
(5) Pinneberg führt 9 zu null (Z. 22–24)

6 a) Eine Inhaltszusammenfassung richtet sich an jemanden, der den Text nicht kennt. Daher muss man das Wichtigste des Inhalts nennen.

b) (2) Die Pinneberger Kickerdirn greifen an:
- Holsteiner Fußballschwalben spielen gegen die Pinneberger Kickerdirn
- Der Ball ist beim Gegner (Kickerdirn)

(3) Vanessa wird ausgewechselt:
- Trainerin Frau Zimperlich hat Vanessa vom Spielfeld gerufen
- Amelie spielt für Vanessa

(4) Stutenbissig:
- die Pinneberger Kickerdirn greifen in Formation an
- die Stürmerinnen geben den Ball nicht ab: Sie sind stutenbissig

(5) Vanessa wird richtig sauer
- Vanessa ruft ihren Mitspielerinnen Tipps zu, die diese ignorieren
- Pinneberg gewinnt neun zu null
- Vanessa wird richtig sauer
- Trainerin warnt Vanessa, dass sie nicht mehr auf den Platz kommt
- Vanessa sagt kein Wort mehr

7 a) Der Text hat den Titel „Auf dem Fußballplatz". Joachim Massanek hat ihn geschrieben.

Seite 167

3
- Wo? Auf dem Fußballplatz
- Wer erzählt? Ein Erzähler
- Hauptpersonen: Niko und seine Mannschaftskameraden
- Was passiert? Niko, ein guter Fußballer, steht völlig neben sich. Seine Freunde wundern sich über ihn, weil sie den Grund dafür nicht kennen.

4 a) – (3)
– (5)

4 b) (1) Niko hämmert den Ball am Tor vorbei
(2) Niko ist ein Bild des Jammers
(4) Niko schießt als einziger kein Tor
(6) Ausgelassene Stimmung nach dem Spiel

Seite 168

6 Die Geschichte hat Frauke Nahrgang geschrieben und sie stammt aus ihrem Buch „Die Teufelskicker. Eine knallharte Saison".
Niko bekommt von seinem Vater Fußballverbot, weil er schlecht in der Schule ist. Deshalb ist er mies gelaunt. Seinen Freunden aus der Fußballmannschaft erzählt er davon nichts. Sie wissen also nicht, was er hat. [...] Sie wundern sich daher, dass Niko beim Spiel gegen die Burgwälder so schlecht spielt. Im Spiel verschenkt er immer wieder beste Chancen. Serkan muss ihm immer wieder aus der Patsche helfen. Zum Glück sind die Burgwälder keine gute Mannschaft und die Blau-Gelben gewinnen mit 10 : 0. [...] Nach dem Spiel feiern die Fans ihre Mannschaft. Zu den Fans gehören Enes und Moritz Großvater, der aber nicht viel von Fußball versteht. [...] Das liegt daran, dass er sich bisher nicht für Fußball interessiert hat. [...]

8 a) Z. 14: Ein Bild des Jammers!
Z. 17: Aber was ist los mit dem Kerl? Pennt der, oder was?
Z. 26: Nur einer jubelt nicht mit – Niko. Mürrisch läuft er …
Z. 35: Nur Niko ist beim Schützenfest leer ausgegangen.
Z. 36/37: Das ganze Spiel ist an ihm vorbeigelaufen. Wahrscheinlich ist er deshalb so sauer.
Z. 65/66: Angeekelt verzieht Niko das Gesicht. Komisch, so empfindlich ist er sonst nie.
Z. 67: Schon beim Spiel stand er völlig neben sich.
Z. 81: Da fährt Niko grob dazwischen.

Seite 170

3 a) Z. 6–8, Z. 17/18, Z. 33–39

b) Meinung A: Fußballtraining im Sportunterricht ist blöd.

Personen:	Hannes	– spielt lieber Computer
	Michelle	– reitet lieber
	Philipp	– bewegt sich als Turner genug

Meinung B: Fußballtraining im Sportunterricht ist gut.

Personen:	Julia	– will über Fußball an Florian herankommen
	Cihan / Ballack	– sind beide gute Fußballspieler
	Herr Ammann	– um eine gute Mannschaft zu stellen, muss richtig trainiert werden

---

Seite 171

5 Änderungen zum Originaltext: <u>xxx</u> (= Einfügungen), (…) (= Auslassungen)

Ich schreibe über den Text „Das erste Training“. Das ist ein Kapitel aus dem Buch „Eine Klasse im Fußballfieber“ <u>von Manfred Mai</u>.
Im Sportunterricht will Herr Ammann unbedingt für ein geplantes Fußballspiel trainieren. Dabei wollen (…) gar nicht alle mitspielen<u>.</u> Es gibt nämlich Schüler, die bewegen sich lieber anders. Was den Schülern überhaupt nicht <u>gefällt, ist</u> das (…) Aufwärmprogramm. Alle müssen sich dehnen und Gymnastik machen. Dann gibt Herr Ammann richtige Fußballübungen vor. Die Klasse muss um Stangen dribbeln und sich anschließend die Bälle zupassen. Einige <u>können</u> das gar nicht. Sie sind dann auch ganz schön sauer und haben keine Lust mehr zum Fußballtraining.
Die Schüler haben zwei verschiedene Meinungen zum Fußballtraining. Die einen <u>wollen</u> unbedingt trainieren. Die anderen <u>finden</u> Fußballtraining im Sportunterricht blöd.
<u>Julia</u> zum Beispiel findet Fußball gut, aber nur, weil <u>sie Florian süß findet</u>. (…) <u>Sie will über den Fußball an ihn herankommen</u>. Dann ist da noch Hannes. Der fällt hin. Außerdem spielt er lieber mit dem Computer. Michelle geht es genauso. Sie reitet viel lieber. Sogar Philipp meckert, obwohl er so ein guter Turner ist. Im Gegensatz dazu genießen Ballack und Cihan das Training. Beide sind ja auch gute Fußballspieler.
Ich stimme der Meinung B zu: <u>Fußballtraining im Sportunterricht</u> ist toll. (…) <u>Wenn eine Klasse eine Mannschaft bilden soll, dann muss sie auch dafür im Sportunterricht trainieren können.</u>
Außerdem weiß man danach, was man getan hat, <u>denn die Fußballübungen sind viel anstrengender als ein normaler Sportunterricht.</u>

Seite 173

Vorarbeit:

1 a) – Wo? Im Stadion „Meister der Herzen"
– Hauptpersonen: Thilo und seine Mutter
– Wer erzählt? Thilo
– Was passiert? Thilo und seine Mutter besuchen ein Fußballspiel. …(siehe Punkt 2)

c) – Z. 11: „Warum sind denn das so viele Spieler?"
– Z. 17: „Schön hört sich der Gesang nicht an. Könnte da nicht besser ein Chor auftreten, …?"
– Z. 23: „He, der nimmt doch tatsächlich den Ball in die Hand! …"
– Z. 28: „Toor! Tooor! Toor!"

2 Der Text, über den ich schreibe, heißt „Ehrenfan der Nordkurve" und wurde von Andrea Heinrichs geschrieben.
Thilo geht mit seiner Mutter ins Stadion der Schalker und will dort in Ruhe das erste Heimspiel der Saison sehen. Seine Mutter hat aber von Fußball keine Ahnung und stellt Thilo ständig peinliche Fragen. Thilo denkt schon daran, lieber auf ein Live-Spiel zu verzichten, als noch einmal von seiner Mutter blamiert zu werden.
Während die Schalker einen Angriff aufs gegnerische Tor starten, stürzt ein trommelnder Fan mit dem Kopf auf eine Bande. Thilos Mutter ist Rettungssanitäterin und zögert nicht lange, um dem Trommler zu helfen. Sie versorgt seine Verletzungen und kehrt an ihren Platz zurück.
Daraufhin klatschen die Fans, die die Rettungsaktion mitbekommen haben, zum Dank. Der Trommler bedankt sich besonders, indem er Thilos Mutter zum Ehrenfan der Nordkurve ernennt. Thilo erkennt an dem Tag, dass man nicht unbedingt viel vom Fußball verstehen muss, um bei den Fans anerkannt zu werden und ist sehr stolz auf seine Mutter.

3 Thilo ist genervt, denn die Leute um ihn herum bekommen die Äußerungen der Mutter mit und sehen sie komisch an. Er schämt sich auch, weil seine Mutter keine Ahnung vom Fußball hat. Thilo hat kein Verständnis dafür. Er schüttelt den Kopf.

4 *mögliche Beurteilung:*
Ich kann Thilo gut verstehen. Er ist durch und durch Fußballfan und so jemandem ist es peinlich, wenn er mit einem zusammensteht, der offensichtlich nichts vom Spiel versteht. Thilos Mutter hätte ja auch leiser sprechen können. Andererseits ist es sehr nett von ihr, Thilo die Karten zu besorgen. Das zeigt doch, dass ihr ihr Sohn viel bedeutet.

Seite 174

1 a) Das Kapitel „Duell im Mondschein" stammt aus dem Buch „Tobi und die blauen Stürmer" von Jo Pestum.
Torwart Tobi hatte einen Plan: Er will herausfinden, ob Mehmet ein besserer Torwart ist als er. Deshalb wollte er sich in der Nacht auf dem Fußballplatz mit ihm treffen. Niemand sollte von dem geheimen Treffen wissen. Nur Uwe weiht er ein, denn der sollte beiden abwechselnd aufs Tor schießen. Bevor das Torwart-Duell beginnen kann, muss sich Tobi aber mitten in der Nacht aus dem Haus schleichen. Auf dem Fußballplatz traf er Mehmet und Uwe. Zuerst stellte sich Mehmet ins Tor. Mehmet wurde auch „Fliegender Fisch" genannt, weil er so gut halten kann. Der Torwarttest beginnt. Mehmet ist richtig gut und

hält fast jeden Ball, den Uwe auf ihn schoss. Tobi beobachtet ihn kritisch, aber er konnte einfach keine Fehler feststellen. Danach ist Tobi dran. Auch er gibt alles und hält sehr gut. Beide Torleute waren nach dem Härtetest total erschöpft, wollen aber von Uwe das Urteil hören. Der entschied sich aber nicht, weil beide gleich gut sind. Tobi wusste also immer noch nicht, ob er der bessere Torwart war. Das soll nun der Trainer entscheiden.

b) Tobi hat einen Plan.
Deshalb will er sich in der Nacht auf dem Fußballplatz mit ihm treffen.
Niemand soll von dem geheimen Treffen wissen.
… denn der soll beiden abwechselnd aufs Tor schießen.
Auf dem Fußballplatz trifft er Mehmet und Uwe.
Zuerst stellt sich Mehmet ins Tor.
Mehmet wird auch „Fliegender Fisch" genannt.
… den Uwe auf ihn schießt.
… aber er kann einfach keine Fehler feststellen.
Beide Torleute sind …
Der entscheidet sich aber nicht, …
Tobi weiß also …, ob er der bessere Torwart ist.

Seite 175

1 summen (s): brausen, losen, sausen, rasen, Paradiese, Rasen, Mittelkreise, reisen, niesen, Felsen, böse, tausend
zischen (ß): Füße, Späße, schießen, heißer, süßer, größer, Straße, reißen, begrüßen

2 Vor Beginn des Spiels lost der Schiedsrichter den Ballbesitz aus.
Der Trainer der Heimmannschaft grüßt den anderen Trainer.
Die Spieler warten beim Anpfiff am Mittelkreis.
Der Ball klebt Podolski am Fuß.
Er saust mit ihm über den Rasen des Spielfeldes.
Meine Schwester findet diesen Spieler ja total süß.
Klose rast auf der anderen Seite mit.
Er bekommt den Ball und schießt aufs Tor.
Mein Nachbar reißt die Arme hoch.
Tausend Fans sind im Stadion.
Da, ein Foul! Das sieht böse aus!
Den Lärm im Stadion hört man bis auf die Straße.

Seite 177

2 C+D

3 Sie ist lustlos, als ihre Mutter vom Besuch Sandras spricht.
Sie sagt, dass sie um sechs die Sportschau sehen will und Sandra dann weg sein muss.
Sie gibt sich Mühe, besonders mürrisch auszusehen.
Lene spricht kaum mit Sandra und macht sich auch nicht besonders hübsch für sie.

4 *möglicher Schülertext:*
Meiner Meinung nach hat der Spaß am Fußball nichts damit zu tun, ob man Freundinnen hat oder nicht. Es kommt doch darauf an, dass man gemeinsame Interessen hat. Heute spielen viele Mädchen Fußball. Auch in unserer Schule gibt es eine Fußball-AG, an der Mädchen teilnehmen können. Gerade nach der Fußball-WM hier in Deutschland gibt es immer mehr Mädchen und Frauen, die sich für Fußball interessieren. Sie alle haben doch auch Freundinnen.

Mach doch mal Theater

(Schülerband: Seite 178–187)

Seite 180

1 a) auf dem Schulhof, im Klassenzimmer, in der Pausenhalle, nach dem Wochenende, beim Mittagessen, vor Schulbeginn, auf dem Nachhauseweg

b) *mögliche Betonung*: I = Pause; __ = Betonung; .... = langsam

Die da I
ist mit
der da da I
und
der da I
ist mit
dem da da I
und
da ist
das da
damit da I
und
die da I
war mit
dem da da I
als da I
die da
den da sah

Seite 183

2 – schrill, laut, sich überschlagend, unruhig
– langsam, angenehme Lautstärke, gleichmäßige Stimmführung

5 b) – Krähen: mit der Stimme, durcheinander, laut und leise
– Pfeifen des Windes: durch die gespitzten Lippen die Luft geräuschvoll ausströmen lassen
– Plätschern des Burggrabens: mit der Hand das Wasser in einem Eimer bewegen

Seite 185

2 neugierig, gespannt, aufgeregt, verblüfft, überrascht, verwirrt

---

Sprache betrachten

(Schülerband: Seite 188–225)

Seite 188

1 *Lösungswort*: KLARTEXT

Seite 189

2 **Marvins *(1)Geburtstag***
Gestern hatte Marvin einige (2)*Freunde* eingeladen. Sie feierten eine große *(3)Party*. Zu *(4)Beginn* packte Marvin erstmal alle *(5)Geschenke* aus. Er bedankte sich bei seinen *(6)Gästen* und machte den *(7)Vorschlag*, in den *(8)Garten* zu gehen, um dort *(9)Fußball* zu spielen. Gerade als Marvin ausholte und ein *(10)Tor* schießen wollte, rutschte er aus und fiel hin. Er verspürte starke *(11)Schmerzen*. Sein *(12)Vater* kam und half ihm hoch. Als Marvins *(13)Fuß* stark anschwoll, entschieden die *(14)Eltern*, die *(15)Feier* abzubrechen und einen *(16)Arzt* aufzusuchen.

3 b)

Lebewesen	anfassbare Dinge	nicht anfassbare Dinge
der Vater	der Fußball	die Feier
die Eltern	die Geschenke	die Party
die Gäste	der Fuß	der Geburtstag
die Freunde		der Beginn
der Arzt		das Tor
		der Vorschlag
		die Schmerzen

„Garten“ kann sowohl den anfassbaren als auch den nicht anfassbaren Dingen zugeordnet werden.

Seite 190

3 *Ein Mann* läuft mit *einem* Pinguin auf dem Arm durch die Stadt.
Da fragt ihn *eine* Frau: „Wo haben Sie den denn her?“
Der Mann antwortet: „Ist mir so zugelaufen! Was, meinen Sie, soll ich mit ihm machen?“ *Die* Frau überlegt und sagt: „Gehen Sie doch mit ihm in den Zoo!“
Nach ein paar Stunden treffen sich die drei wieder.

Die Frau sagt ganz erstaunt: „Aber ich sagte ihnen doch, gehen Sie mit ihm in den Zoo!" Da erwidert *der* Mann: „Waren wir ja, jetzt gehen wir ins Kino."

Seite 191/192

S. 191, 3. und S. 192, 4.

Männlich	***weiblich***	***sächlich***
der Hund	die Labradorhündin	das Tier
der Autounfall	die Georgstraße	das Ausgehen
der Unfall	die Besitzerin	das Auto
der BMW-Fahrer	die Straße	das Heck
der Wagen	die Vollbremsung	das Café
der Aufprall	die Kontrolle	das Bistro
der BMW	die Fahrbahn	
der 56-Jährige	die Straßenlaterne	
der Kunde	die Wucht	
	die Scheibe	
	die Verletzung	
der Zweifel	die Langeweile	das Glück
der Meister	die Kerze	das Gefühl
der Stein	die Meinung	das Gesicht
der Fleiß	die Enge	das Unbehagen
der Verstand		das Wachs
der Radiergummi		

Seite 192

5 b) + d)
Ich suche meinen Glitzerstift, den ich gestern bekommen habe. Hoffentlich finde ich ihn.

Ich suche mein Buch, das ich gestern bekommen habe. Hoffentlich finde ich es.

6 A = die Kiefer (Baum) + H = der Kiefer (Knochen)
F = die Mutter (Person) + I = die Mutter (Schraubenmutter)
E = der Pony (Haare) + G = das Pony (Tier)
J = Strauß (Vogel) + C = Strauß (Blumen)
B = das Schild (Information) + D der Schild (Schutz)

8 der Laptop, der Prospekt, der Akku, das Keyboard, der Charakter, das Cluster, der Monitor, der Apparat, der Balkon, die Chance, das Material, das Programm

---

Seite 193

1 Im ersten Feld wird der Plural mit der Endung -en gebildet: die Frau – die Frauen.
Im zweiten Feld wird der Plural mit der Endung -n gebildet: der Name – die Namen.
Im dritten Feld wird der Plural mit der Endung -s gebildet: der Opa – die Opas.
Im vierten Feld wird der Plural mit der Endung -er gebildet: das Bild – die Bilder.
Im fünften Feld wird der Plural mit der Endung -e gebildet: der Tag – die Tage.
Im sechsten Feld wird der Plural ohne Endung gebildet: der Schüler – die Schüler.

2

Wörter ohne Plural	Wörter ohne Singular
der Regen	die Eltern
das Glück	die Alpen
die Liebe	die Kosten
die Butter	die Ferien
der Urlaub	die Leute

3 **Vom Schlaraffenland** (Auszug)
August Heinrich von Fallersleben

Und von Kuchen, Butterwecken,
sind die Zweige voll und schwer.
Feigen wachsen in den Hecken,
Ananas im Busch umher.
Keiner darf sich mühen und bücken,
alles stellt von selbst sich ein.
Oh, wie ist es zum Entzücken,
ei, wer möchte dort nicht sein.

Und die Straßen allerorten,
jeder Weg und jede Bahn
sind gebaut aus Zuckertorten
und Bonbons und Marzipan.
Und von Brezeln sind die Brücken
aufgeführt gar hübsch und fein,
oh, wie ist es zum Entzücken,
ei, wer möchte dort nicht sein.

Seite 194

1
A Wessen Flügel leuchteten? — des Vogels
B Wer oder was war etwas Besonderes? — der Vogel
C Wen oder was wollte ich fangen? — den Vogel
D Wem näherte ich mich vorsichtig? — dem Vogel

2 a) + b)
1. Wen oder was konnte ich ganz einfach fangen? — den Vogel = Akkusativ
2. An wen oder was war er gewöhnt? — Menschen = Akkusativ
3. Wen oder was wollte ich ins Tierheim bringen? — den Vogel = Akkusativ

4. Wen oder was ließ ich am Weg liegen?	das Fahrrad = Akkusativ
5. Wer oder was war in der Nähe vom Park?	das Tierheim = Nominativ
6. Wessen Schild sah ich bald?	des Tierheims = Genitiv
7. Wer oder was empfing mich dort?	eine freundliche Frau = Nominativ
8. Wem gab sie einen kleinen Hirsekolben?	dem Vogel = Dativ
9. Wen oder was gab sie dem Vogel?	einen kleinen Hirsekolben = Akkusativ

c)

10. Wen oder was holte sie dann?	einen passenden Vogelkäfig = Akkusativ
11. Wen oder was setzte ich vorsichtig hinein?	den Vogel = Akkusativ
12. Wen oder was kann ich behalten?	den Papagei = Akkusativ
13. Wessen Einwilligung benötigt sie dazu?	der Eltern = Genitiv
14. Bei wem bedankte ich mich?	bei der Frau = Dativ
15. Wen oder was holte ich?	mein Rad = Akkusativ

Seite 195

3 Als ich zu Hause angekommen war, berichtete ich meinen Eltern von dem Erlebnis. Sie waren anfangs nicht begeistert, dass ich den Vogel behalten wollte. Sie rechneten mir die Kosten vor. Wer sollte den Käfig und das Futter bezahlen? Außerdem musste der Vogelbauer einmal in der Woche gründlich gereinigt werden. Als ich ihnen vorschlug, dass ich die Pflege des Tieres übernehmen wollte, waren sie schon etwas aufgeschlossener. Schließlich stimmte der Familienrat dem Vorschlag zu. Ich beschloss, den Vogel am nächsten Tag nach der Schule abzuholen. Als ich die Tür des Tierheims öffnete, kam mir die Frau schon entgegen und sagte, dass der Vogel schon von der Besitzerin abgeholt worden sei. Aber wenn meine Eltern ja schon der Anschaffung eines Tieres zugestimmt hatten, dann konnte ich ja auch einen Hund oder eine Katze mitnehmen, oder?

Seite 196

2 *möglicher Text:*
Das Chamäleon
Es gibt Tiere, über die werden hartnäckige Märchen erzählt. Über Chamäleons zum Beispiel. Ihnen wird oft nachgesagt, dass sie sich jedem x-beliebigen Untergrund anpassen könnten: Setzt man Chamäleons auf einen Schottenrock, färben sich sie grün-rot-kariert. Hält man sie vor eine Blümchentapete, sprießen auf ihrem Körper Blütenmuster. Man könnte meinen, dass Chamäleons lebende Farbkopierer wären. Aber das sind sie natürlich nicht, doch „schillernde Persönlichkeiten" sind Chamäleons trotzdem.

4 a) + b)
es = Chamäleon
sie = Jagdtechnik
es = dieses Tier
sie = eine Fliege
er = der Muskel
sie = die Zungenspitze
ihr = Zungenspitze

Seite 197

5
1 Ich sagte ihm, dass ich nicht laufen kann. (Wem? = Dativ)
2 Melissa holte ihn zum Essen. (Wen? = Akkusativ)
3 Niemand konnte ihr helfen. (Wem? = Dativ)
4 Das Boot trieb mit ihnen auf die See. (Mit wem? = Dativ)
5 Freddi gab ihm einen Klaps. (Wem? = Dativ)
6 Frau Limmer hielt dir einen Vortrag. (Wem? = Dativ)
7 Alle starrten uns verwirrt an. (Wen? = Akkusativ)
8 Das Referat fiel ihr nicht schwer. (Wem? = Dativ)
9 Der Film gefiel mir nicht besonders. (Wem? = Dativ)
10 Das Theaterstück begeisterte mich. (Wen? = Akkusativ)
11 Die Klasse hatte sie gesehen. (Wen? = Akkusativ)
12 Deine Mitschüler haben dich als Klassensprecher gewählt. (Wen? = Akkusativ)

Seite 198

2 Wenn du eine Eins bekommst, kannst du stolz auf deine Leistung sein.
Wenn ich ein Tor schießen würde, ginge mein größter Wunsch in Erfüllung.
Wenn wir das Theaterstück erfolgreich aufführen, ist das unser Verdienst.
Wenn Susi ihr Plakat fertig hat, freut sie sich.
Wenn ihr richtig betont, wird euer Gedichtvortrag gelingen.

3 Fragst du deine (Akkusativ) Schwester, ob sie morgen eine Radtour mit uns macht?
Wir können mit unseren (Dativ) Rädern zum See fahren.
Ich werde meinem (Dativ) Vater sagen, dass er uns seinen (Akkusativ) Fußball mitgibt.
Vielleicht kommt ja deine (Nominativ) Freundin noch mit.

Seite 199

1 *möglicher Text:*
Am liebsten fahre ich mit meinem Fahrrad durch die Felder. Mein Bruder Johannes fährt lieber mit seinem Skateboard durch die Gegend. Mama und Papa fahren meistens Auto. Wenn wir in den Urlaub fahren, sagt Oma immer: „Dass ihr auch vorsichtig fahrt!“

2 Als Sam an den Strand kommt, liegt der Wal noch immer reglos da. Über ihm kreischen die Möwen. Kleine blaue Wellen umspülen ihn. Sam sieht, dass die Flut beginnt. Der Sand brennt heiß unter seinen Füßen. Sam trägt das Segeltuch und die Schnur über der Schulter. Beide schleifen hinter ihm her, sie machen ein leises, surrendes Geräusch. Er geht nahe an das Tier heran und bleibt stehen...

Seite 200

1 a) bekommt, bringt, flankt, springt, tritt, reagiert, zieht, schießt, liegt, läuft, schießt, steht

b) Präsens

c) Reporter berichtet, was gerade passiert.

2 a) …, und da hat ihr Stegemann brutal ans Bein getreten. Die Schiedsrichterin hat sofort auf das Foul reagiert und hat die Rote Karte gezogen. Smisek hat dann ein Tor beim Elfmeter geschossen. Zwei Minuten vor der Halbzeit hat es 2:1 für Frankfurt gestanden.

b) Wenn man mündlich etwas aus der Vergangenheit berichtet, benutzt man häufig das Perfekt.

3 a) fiel, bekam, brachte, flankte, hochsprang, trat

b) Sofort reagierte die Schiedsrichterin auf das Foul und zog die Rote Karte. Sandra Smisek schoss ein Tor beim Elfmeter. Zwei Minuten vor der Halbzeit stand es 2:1 für Frankfurt.

4

Präsens	Perfekt	Präteritum
sie bekommt	sie hat bekommen	sie bekam
sie bringt	sie hat gebracht	sie brachte
sie flankt	sie hat geflankt	sie flankte
sie springt	sie ist gesprungen	sie sprang
sie tritt	sie hat getreten	sie trat
sie reagiert	sie hat reagiert	sie reagierte
sie zieht	sie hat gezogen	sie zog
er liegt	er hat gelegen	er lag
sie läuft	sie ist gelaufen	sie lief
sie schießt	sie hat geschossen	sie schoss
es steht	es hat gestanden	es stand

Seite 201

5 a) **Unterwegs mit der Eisenbahn früher und heute**
Vor hundert Jahren dauerte die Fahrt von Hamburg nach München 14 Stunden mit der Bahn. Wenn man dieselbe Strecke heute mit dem ICE fährt, braucht man nur noch fünfeinhalb bis sechs Stunden. Man kann die Fahrt richtig genießen. Wer will, hört Musik über Kopfhörer oder spielt am Laptop. Früher war die Fahrt nicht so bequem. Vor allem ärmere Menschen fuhren in der 3. Klasse, die es heute gar nicht mehr gibt. Sie teilten sich die Abteile manchmal sogar mit Tieren. Die Reisenden saßen damals auf harten Holzbänken und bekamen nicht immer einen Sitzplatz. Das kann heute auch noch passieren. Oft drängen sich die Menschen in den Gängen. Dann kommt häufig schlechte Stimmung auf und jemand schimpft: „Früher gab es das nicht! Da hatte ich immer einen Sitzplatz!“

c) Vor hundert Jahren hat die Fahrt von Hamburg nach München 14 Stunden mit der Bahn gedauert. Wenn man dieselbe Strecke heute mit dem ICE fährt, braucht man nur noch fünfeinhalb bis sechs Stunden. Man kann die Fahrt richtig genießen. Wer will, hört Musik über Kopfhörer oder spielt am Laptop. Früher ist die Fahrt nicht so bequem gewesen. Vor allem ärmere Menschen sind in der 3. Klasse gefahren, die es heute gar nicht mehr gibt. Sie haben sich die Abteile manchmal sogar mit Tieren geteilt. Die Reisenden haben damals auf harten Holzbänken gesessen und nicht immer einen Sitzplatz bekommen. Das kann heute auch noch passieren. Oft drängen sich die Menschen in den Gängen. Dann kommt häufig schlechte Stimmung auf und jemand schimpft: „Früher hat es das nicht gegeben! Da habe ich immer einen Sitzplatz gehabt!“

Seite 202

2 a)

Infinitiv	Präteritum	Perfekt
suchen	er/sie suchte	er/sie hat gesucht
zeigen	er/sie zeigte	er/sie hat gezeigt
reisen	er/sie reiste	er/sie ist gereist
kochen	er/sie kochte	er/sie hat gekocht
reden	er/sie redete	er/sie hat geredet
segeln	er/sie segelte	er/sie ist gesegelt
rudern	er/sie ruderte	er/sie ist gerudert
klettern	er/sie kletterte	er/sie ist geklettert

3 b)

Infinitiv	Präteritum	Perfekt
schwimmen	er/sie schwamm	er/sie ist geschwommen
essen	er/sie aß	er/sie hat gegessen
sprechen	er/sie sprach	er/sie hat gesprochen
sitzen	er/sie saß	er/sie hat gesessen
schreiben	er/sie schrieb	er/sie hat geschrieben
werfen	er/sie warf	er/sie hat geworfen
fallen	er/sie fiel	er/sie ist gefallen
nehmen	er/sie nahm	er/sie hat genommen
brechen	er/sie brach	er/sie hat gebrochen
greifen	er/sie griff	er/sie hat gegriffen
stehen	er/sie stand	er/sie hat gestanden
liegen	er/sie lag	er/sie hat gelegen

Seite 203

1 b)

Präsens	Futur
wir fahren	wir werden verbringen
ich kann	wir werden zurückkommen
sie geht	du wirst sein
ich besuche	sie wird besuchen
du kannst	

2 *möglicher Text:*
Omas Geburtstag
Am nächsten Wochenende wird Sina ihre Oma besuchen. Die Besuche bei ihrer Oma sind immer sehr schön. Dieses Mal hat Sina aber Bedenken. Tante Betty wird nämlich auch kommen. Sie wird wahrscheinlich nur von früher erzählen. Dann wird sich Sina bestimmt langweilen. Vielleicht ruft sie morgen bei Oma an und fragt sie, ob Marie mitkommen darf. Wahrscheinlich wird Oma nichts dagegen haben. Dann wird Sina auch ihre Spielkarten mitbringen.

Seite 205

4 a) ungehobelt – fürchterlich – hässlich – schmutzig – auffällig – unappetitlich

5 *möglicher Text:*
Gestern wurde in der Innenstadt eine Bank überfallen.
Der Täter hat eine schlanke Gestalt und ist sehr groß. Sein Haar ist stoppelig und blond. Er hat blaue Augen und auf der linken Wange befindet sich eine auffällige Narbe. Der Täter hat ein kariertes Hemd an und trägt eine löchrige Hose und kaputte Schuhe. Achtung: Der Mann ist gefährlich.

Seite 206

1 b) *möglicher Text:*
Abenteuer auf der Burg
In der Nähe unseres Dorfes steht eine düstere Burg. Ihre alten Mauern sind schon verfallen. Aber es gibt noch einige schmale Gänge, die in die Burg führen. Eines Tages kam mein Freund Ulli aufgeregt zu mir und zeigte mir eine riesige Karte, auf der die Umrisse der Burg eingezeichnet waren. An einer Stelle war mit roter Farbe ein X aufgemalt und man konnte die dünnen Buchstaben „Schatz“ entziffern.
„Die Karte habe ich auf unserem Dachboden in einer muffigen Kiste entdeckt“, erklärte Ulli seinen Fund. Wir nahmen unsere Räder und fuhren durch den finsteren Wald zur unheimlichen Burg. Als wir ankamen, war es schon später Nachmittag. Sofort suchten wir die angegebene Stelle. Dazu mussten wir einen dunklen Gang entlanggehen. Es roch. Auf einmal stießen wir auf eine alte Tür. Sie war nur angelehnt. Sollten wir weitergehen?

2 b) Wer und was?

Was nicht gut ist, das ist schlecht.
Was nicht falsch ist, das ist echt.
Wer nicht stark ist, der ist schwach.
Wer nicht müde ist, ist wach.
Was nicht gerade ist, ist schief.
Was nicht hoch ist, das ist tief.
Wer nicht hungrig ist, ist satt.
Was nicht wellig ist, ist glatt.
Was nicht hart ist, das ist weich.
Wer nicht arm ist, der ist reich.

Was nicht dunkel ist, ist hell.
Wer nicht langsam geht, geht schnell.
Was nicht leer ist, das ist voll.
Was nicht blöd ist, das ist toll.

Seite 207

1 a) Sebastian ist der größte Junge.
Larissa ist die schnellste Läuferin.

b) groß, größer, größte
schnell, schneller, schnellste

2 a) *mögliche Lösung (je nach Kontext sind verschiedene Interpretationen der einzelnen Adjektive möglich):* ledig – fertig – tot – rund – glatt – stumm

3 viel – mehr – am meisten
hoch – höher – am höchsten
nahe – näher – am nächsten

Seite 209

3 b) + c)
mögliche Lösung:
Feli: Ich habe gestern eine Zwei im Geschichtstest geschrieben! (gelb unterstrichen)
Max: Das ist ja prima! (gelb)
Feli: Und dabei dachte ich, dass ich ihn verhauen hätte. (blau)
Max: Was war denn das Thema? (rot)
Feli: Die alten Römer. (blau)
Max: Ach du meine Güte! (gelb) Hast du viel dafür gelernt? (rot)
Feli: Nein, aber ich habe ein spannendes Buch über die Zeit gelesen. (blau) Naja, und seitdem interessiert mich das alte Rom. (blau)
Max: Echt? (rot)
Feli: Ich werde meinen Eltern mal vorschlagen, in den Ferien nach Spanien zu fahren. (blau)
Max: Was willst du denn da? (rot) Rom liegt doch in Italien! (gelb)
Feli: Na, wie gut, dass es kein Erdkundetest war! (gelb)

4 b) + c)
Der Ärger mit den Hausaufgaben
Heute Morgen fuhr ich mit dem Bus zur Schule. Alles war wie immer. An der Haltestelle der Schule stieg ich aus und ging mit den anderen ins Gebäude. Plötzlich beschlich mich im Klassenraum irgendwie ein komisches Gefühl. Ich packte meine Sachen für die erste Stunde aus. Oh nein, ich hatte mein Deutschheft zu Hause liegen lassen! Das war ein Schreck. Was sollte ich jetzt machen? Ich hatte gestern fast eine Stunde an meinem Übungsaufsatz geschrieben und nun würde ich einen Strich bekommen. Sollte ich meine Mutter anrufen? Aber die war bestimmt schon zur Arbeit gefahren. Pünktlich zum Klingeln betrat der Lehrer den Raum und sagte: „Holt eure Hausaufgaben heraus!“

Seite 210

2 a) Ich kaufe meinem Freund Timo heute am Kiosk einige Süßigkeiten.
Ich kaufe meinem Freund Timo heute einige Süßigkeiten am Kiosk.
Heute kaufe ich meinem Freund Timo am Kiosk einige Süßigkeiten.
Heute kaufe ich meinem Freund Timo einige Süßigkeiten am Kiosk.
Meinem Freund Timo kaufe ich heute am Kiosk einige Süßigkeiten.
Meinem Freund Timo kaufe ich heute einige Süßigkeiten am Kiosk.
Am Kiosk kaufe ich meinem Freund Timo heute einige Süßigkeiten.
Am Kiosk kaufe ich heute meinem Freund Timo einige Süßigkeiten.
Einige Süßigkeiten kaufe ich heute meinem Freund Timo am Kiosk.
Einige Süßigkeiten kaufe ich meinem Freund Timo heute am Kiosk.
Kaufe ich meinem Freund Timo heute einige Süßigkeiten am Kiosk?

b) + c) ich – kaufe – meinem Freund Timo – heute – am Kiosk – einige Süßigkeiten
Der Satz hat sechs Satzglieder.

3 a) A Lara und ich / gehen / nach dem Unterricht / auf den Sportplatz.
B Dort / treffen / wir / unsere Freunde / jeden Dienstag.
C Wir / trainieren / am liebsten / Leichtathletik.
D Danach / kaufen / wir / am Kiosk / ein Eis.
E Heute / besucht / Lara / ihre Oma / im Altenheim.
F Deshalb / gehe / ich / nach dem Training / gleich / nach Hause.

Seite 211

1 b) **Einkauf auf dem Bauernhof**
Am Samstag / gehen / wir / meistens / auf dem Markt / einkaufen. Dort / gibt / es / immer / frisches Gemüse, Wurst, Käse und Eier. Meine Mutter / ärgert sich / aber / jedes Mal / über die teuren Preise. Deshalb / beschlossen / wir / letzte Woche /, direkt / auf einem Bauernhof / einzukaufen. Schon bald / fanden / wir / eine Adresse / aus einem Dorf / bei uns in der Nähe.

Abenteuer auf dem Bauernhof
Ich / war / mit meiner Mutter / gestern / auf dem Bauernhof. Wir / wollten / dort / Eier / kaufen. Wir / sahen / schon / von Weitem / die vielen Hühner / auf der Wiese. Wir / kamen / auf dem Hof / an. Der Bauer / kam / uns / aufgeregt / entgegen. Ein riesiges Loch / war / im Zaun. Drei Hühner / schlüpften / gerade / durch. Meine Mutter / stellte sich / vor das Loch im Zaun. Die Hühner / hatten / aber / keine Angst / vor ihr. Die Hühner / griffen / meine Mutter / an / und pickten / ihr / in die neuen Schuhe.

c)+d) *möglicher Text:*
Abenteuer auf dem Bauernhof
Gestern war ich mit meiner Mutter auf dem Bauernhof. Dort wollten wir Eier kaufen. Schon von Weitem sahen wir die vielen Hühner auf der Wiese. Wir kamen auf dem Hof an. Aufgeregt kam uns der Bauer entgegen. Im Zaun war ein riesiges Loch. Gerade schlüpften drei Hühner durch. Meine Mutter stellte sich vor das Loch im Zaun. Aber die Hühner hatten keine Angst vor ihr. Die Hühner griffen meine Mutter an und pickten ihr in die neuen Schuhe.

Seite 212

1 a) **Mit dem Fußball ins Schwimmbad?**
In der Pause verabreden sich Paul, Milan und Jonas für den Nachmittag. Paul will schnell nach Hause und sagt nur: „Ihr kommt dann bei mir vorbei, ja?“. Milan antwortet: „Klar, bis später.“ Jonas kommt nach dem Mittagsessen mit seinen Fußballsachen bei Milan an. Dieser hat noch gar nicht mit Jonas gerechnet und fragt ihn: „Warum bist du schon hier? Wir wollten doch um 15 Uhr ins Schwimmbad gehen.“ „Wieso 15 Uhr und wieso Schwimmbad? Ich wollte doch auf den Fußballplatz.“ Als die beiden zu Paul kommen, steht er schon ungeduldig vor dem Haus und wartet mit seinem Skateboard auf seine Freunde. „Warum kommt ihr erst jetzt? Wir wollten doch um 13.30 Uhr los. Ihr wisst doch, dass auf der Half-Pipe nach der Schule immer alles voll ist“, ruft Paul vorwurfsvoll.

2 Hallo Svenja,
Caroline und ich gehen morgen in die Nachmittagsvorstellung ins Kino. Es wäre schön, wenn du mitkommen könntest. Wir treffen uns eine halbe Stunde vorher am Marktbrunnen. Danach holen wir die Karten an der Kinokasse ab. Nach dem Film müssen wir noch 45 Minuten warten, weil der Bus in Carolines Dorf erst dann am Marktplatz abfährt. Alles klar?
Deine Lisa

Seite 212

2 b)

Zeitangabe	Ortsangabe
morgen	ins Kino
in die Nachmittagsvorstellung	am Marktbrunnen
eine halbe Stunde vorher	an der Kinokasse
45 Minuten	am Marktplatz
dann	

Seite 213

3 a) + b) *möglicher Text:* (Zeitangaben = xy, Ortsangaben = xy)
Überraschung
Am letzen Schultag überraschten mich meine Eltern mit der Ankündigung, dass wir am nächsten Tag wegfahren würden. Ich packte sofort meinen Koffer. Die Reise sollte an die Ostsee gehen. Ich brauchte also meine kurze Hose, ein paar T-Shirts und natürlich meine Badehose. Mein Vater holte schon am Nachmittag das Auto aus der Garage. Meine Mutter fuhr nach der Arbeit mit dem Fahrrad zum Supermarkt, um leckere Dinge für die lange Autofahrt einzukaufen. In der Nacht konnte ich kaum schlafen, so aufgeregt war ich. Am nächsten Morgen war ich der Erste, der im Auto saß …

Seite 214

2 a) + b) *möglicher Text:*

Schräge Töne im Konzert
Vor den Herbstferien organisierte unser Musiklehrer mit großem Aufwand ein Konzert. Der Schulchor hatte sich darauf mit viel Mühe vorbereitet, doch trafen nicht alle Sängerinnen und Sänger den Ton: Einige sangen zu laut, andere viel zu leise. Besonders gut trällerte Piet aus der 5a.
Die Größeren in den hinteren Reihen sangen dagegen völlig schräg. Einige hüpften ausgelassen hin und her. Der Gesang hörte sich fürchterlich an. Als Johanna einen Niesanfall bekam, lachte unsere Schulleiterin aus vollem Hals. Das Publikum fühlte sich trotzdem bestens unterhalten und klatschte am Ende begeistert.

Seite 215

1 a) **Eine schreckliche Nacht**
In der letzten Nacht wachte ich vor Schreck auf. Aufgrund des schwülen Wetters hatte es ein starkes Gewitter gegeben. Ich versteckte mich aus Angst unter der Bettdecke. Als das Gewitter nach einer halben Stunde nicht vorbei war, kroch ich aus Furcht zu meiner großen Schwester.

2 A Warum wird das Konzert abgesagt? Wegen des schlechten Wetters.
B Warum hat Mareike ihrer Mutter ein Bild gemalt? Aus Dankbarkeit.
C Warum waren die Straßen gesperrt? Wegen des Hochwassers.
D Warum lasse ich mich gegen Zecken impfen? Aus Vorsicht.
E Warum wurde Nina gelobt? Aufgrund ihres guten Benehmens.

3 a) + b) *möglicher Text:*
Besuch aus dem All
a) Gestern sah ich einen Film über Außerirdische. Begeistert verfolgte ich die Sendung. Zwischendurch kam mein kleiner Bruder mit seinen neuen Legosteinen ins Wohnzimmer. Ich schickte ihn sofort genervt weg. Wegen des spannenden Films vergaß ich bald die Zeit.
b) Ich starrte gebannt auf den Fernseher. Auf einmal flimmerte der Bildschirm. Ich schaltete den Fernseher hektisch aus und wieder an. Da passierte plötzlich etwas Seltsames. Ich sah grüne Männchen in aller Ruhe über den Teppich laufen. Aus Angst begann ich zu zittern. Eine Stimme sagte fröhlich: „Hallo Kai! Hast du etwas Treibstoff für unser Ufo?“

Seite 216

1 b) **Futterneid**
Björn wartet vor dem Robbenbecken auf die Fütterung. Gerade noch planschten die Robben träge vor sich hin. Doch da kommt schon der Tierpfleger mit dem Futtereimer. Er nimmt einen Fisch in die Hand und wirft ihn in die Luft. Sofort springt der Seehund hoch und schnappt nach dem Fisch. Gleichzeitig hechtet der Seelöwe auf den Fisch zu. Sofort kommt es zu einem Kampf zwischen den beiden. Der Seelöwe geht als Sieger hervor. Da klatschen die Zuschauer begeistert.

2 **Ein Meerschweinchen im Klassenzimmer**
Unsere Klasse bekommt ein Meerschweinchen. Gestern gab uns die Schulleiterin ihre Erlaubnis. Wir haben uns riesig darüber gefreut. Bestimmt beneidet uns die Nachbarklasse darum. Aber die hat dafür seit Kurzem ein Aquarium. Fische sind vielleicht pflegeleichter. Aber dafür ist das Meerschweinchen kuscheliger.

Seite 217

1 a) + b)
Klatschen die Zuhörer laut?
Rappt die Band begeistert?
Spielt Tobi am besten?

2 a) Seit drei Jahren – nimmt – Felix – Gitarrenunterricht – in der Musikschule.
Felix – nimmt – seit drei Jahren – Gitarrenunterricht – in der Musikschule.
Gitarrenunterricht – nimmt – Felix – seit drei Jahren – in der Musikschule.
In der Musikschule – nimmt – Felix – seit drei Jahren – Gitarrenunterricht.

b) Das Prädikat steht immer an zweiter Stelle.

c) Seit drei Jahren – nehmen – Lisa und Marie – Gitarrenunterricht – in der Musikschule.
Lisa und Marie – nehmen – seit drei Jahren – Gitarrenunterricht – in der Musikschule.
Gitarrenunterricht – nehmen – Lisa und Marie – seit drei Jahren – in der Musikschule.
In der Musikschule – nehmen – Lisa und Marie – seit drei Jahren – Gitarrenunterricht.

3 a) + b)
Die Band ohne Namen
Felix, Marie und Lisa gründeten eine Band. Einen Übungsraum hatten sie schon gefunden. Jetzt brauchten sie noch einen Namen für die Band. Felix schlug „Wilde Kerle“ vor. Die Idee fanden Marie und Lisa nicht gut. Schließlich sind sie keine Jungen! Ein besserer Name fiel den Mädchen aber auch nicht ein. Felix hatte schon keine Lust mehr. Er sagte: „Dann lösen wir uns am besten gleich wieder auf. Eine Band ohne Namen ist doch blöd!“ Da rief Lisa: „Ich schlage vor: Die Band ohne Namen.“

Seite 218

1 b) *möglicher Text:*
Die Katze hat sich im Baum verstiegen.
Lisa ruft den Vater zur Hilfe.
Der Vater holt eine Leiter.
Er stellt sie an den Baum und holt die Katze runter.
Glücklich hält Lisa die Katze anschließend im Arm.

2 A Wen oder was bringt Sonja normalerweise zu Fuß in den Kindergarten?
Ihre kleine Schwester.
B Wen oder was nehmen sie aber heute?
Den Bus.
C Wen oder was sucht Sonja vergeblich?
Einen Sitzplatz.
D Wen oder was treffen sie zum Glück schon am Kindergarten?
Die Erzieherinnen.
E Wen oder was nimmt Sonja zu ihrer Schule?
Eine Abkürzung.
F Wen oder was sieht sie schon auf dem Schulhof mit den Sporttaschen stehen?
Ihre Klassenkameraden.
G Wen oder was hat sie ausgerechnet heute vergessen?
Ihre Sportsachen.
H Wen oder was tritt sie sofort an?
Den Rückweg.
I Wen oder was soll ihre Freundin Marie bei der Lehrerin entschuldigen?
Sie.

Seite 219

3 Wir veranstalten am Wochenende ein Klassenfest. So ein Fest erfordert ziemlich viel Vorbereitung. Unsere Lehrerin hat jedem eine Aufgabe gegeben. Pia und Lisa entwerfen die Einladungskarte am Computer. Sie gefällt meinen Freundinnen richtig gut. Milan und Kemal wollen eine Girlande basteln. Ich helfe ihnen dabei gern. Mir macht die Vorbereitung großen Spaß.

4 A Wem gab der Popstar drei Zugaben? Dem Publikum.
Wen oder was gab der Popstar dem Publikum? Drei Zugaben.
B Wem schickt die Mutter ein Paket? Ihrer Freundin.
Wen oder was schickt die Mutter ihrer Freundin? Ein Paket.
C Wem berichtet der Zeuge seine Beobachtungen? Dem Polizisten.
Wen oder was berichtet der Zeuge dem Polizisten? Seine Beobachtungen.
D Wem schenkt Johanna ein Bild? Ihrer Mutter.
Wen oder was schenkt Johanna ihrer Mutter? Ein Bild.
E Wem erzählt der Großvater spannende Geschichten? Seiner Enkelin.
Wen oder was erzählt der Großvater seiner Enkelin? Spannende Geschichten.

Seite 221

4 a) sprach, erzählte, berichtete, raunte, zischte, keuchte, schrie, stieß hervor, gestand, behauptete, jammerte, schluchzte, knurrte, drohte, verkündete, brüllte, hauchte, versicherte, meinte, wetterte, fragte, sagte

---

Seite 222

2 b)

Spiel	Stoß	Lehr
Spielplatz	abstoßend	belehren
verspielen	Verstoß	lehrreich
Mitspieler	Kugelstoßen	Lehrling

Seite 223

1 b) Eben <u>er</u>halte ich einen Brief. Er <u>ent</u>hält eine Einladung zum Geburtstag von Marion. Ich habe mich mit ihr gestern darüber in der Pause <u>unter</u>halten. Sie will auch Fred einladen. Ich konnte sie nicht davon <u>ab</u>halten. Ich werde seine Anwesenheit schon <u>aus</u>halten. Schließlich kann er mich nicht davon <u>ab</u>halten, auch zu diesem Fest zu gehen. Ich werde mich ganz normal <u>ver</u>halten. Ich werde ihm auch nicht <u>vor</u>halten, dass er am gleichen Tag mit mir ins Kino gehen wollte. Fred kann eben keine Verabredung <u>be</u>halten. Er wird auch diesen Termin nicht <u>ein</u>halten.

2 a) die Haltung, haltbar, haltlos, halten

b) Nomen, Adjektive, Verben

Seite 224

1 c)

Nomen	**Adjektive**
die Heiterkeit	fühlbar
die Wohnung	spielerisch
der Irrtum	haltbar
die Mannschaft	möglich
das Brauchtum	fertig
die Klugheit	wohnlich
die Fäulnis	haltlos
der Jüngling	genügsam

2 a)

Vater – väterlich	Glück – glücklich	Kind – kindisch / kindlich
Haus – häuslich	Blume – blumig	Mut – mutig
Brauch – brauchbar	Feuer – feurig	Mühe – mühsam
Mensch – menschlich	Tier – tierisch	Wunder – wunderbar
Witz – witzig	Salz – salzig	Fehler – fehlerlos

3 a) + b) die Kreuzung; die Heiterkeit; die Schönheit; die Endung; die Fröhlichkeit; der Irrtum; der Liebling; das Wagnis; der Frühling; das Gefängnis; der Reichtum; die Eitelkeit

---

Seite 225

1 b) der Buchautor; der Mückenschwarm; die Haustür; der Schlosspark; das Computerspiel; die Mathematikarbeit; der Sportplatz; der Schweinebraten

---

Richtig schreiben

(Schülerband: S. 226–257)

Seite 226

1 Die Schüler führen ein Rechtschreibgespräch über das Wort Klassenfahrt. Dazu zerlegen sie das Wort „Klasse" in Silben, um die Doppel-s-Schreibung zu erklären, erläutern, warum es großgeschrieben wird (durch Bestimmung der Wortart Nomen und die Artikelprobe) und suchen Wortverwandte. Als Ergebnissicherung dient ihnen das Cluster.

Seite 227

1 Der Schüler notiert das Fehlerwort, unterstreicht die Fehlerstelle und benennt die Wortart. Im Anschluss schreibt er das Wort in Silben zerlegt auf, bei dem Verb und dem Adjektiv notiert er verschiedene Formen und schließlich noch einen Beispielsatz.

Seite 228

1 a) Wenn die Kinder genau hinhören, erkennen sie die einzelnen Buchstaben des Alphabets:

z y x	p o n m
w v u	l k i h
t s r q	g f e d c b a

b) Die richtige alphabetische Reihenfolge ist wie das Alphabet ohne „j" – das „j" fehlt.

2

Vokale (Selbstlaute)	Konsonanten (Mitlaute)
u, o, i, e, a oder a, e, i, o, u	z, y, x, w, v, t, s, r, q, p, n, m, l, k, (j), h, g, f, d, c, b oder b, c, d, f, g, h, (j), k, l, m, n, p, q, r, s, t, v, w, x, y, z

3 Rotkehlchen – Märchenerzählerin – Erdbeererntehelfer – Zaubersprüche

4 a) Auto, bunt, geben

b) Das *b* in *Dieb* klingt wie ein *p*, in *geben* wie ein *b*.

c) Das *d* in *Hund* klingt wie ein *t*.

d) Das *g* in „Ich laufe weg“ klingt wie *k*, in „auf allen Wegen“ wie ein g.

5 Es werden nicht alle Wörter so geschrieben, wie sie gesprochen werden. Die Zuordnung der Buchstaben zu den Lauten und umgekehrt ist nicht immer eindeutig. Ein Buchstabe kann manchmal verschiedenen Lauten entsprechen, ein Laut verschiedenen Buchstaben.

Seite 229

1 a) + b) + c)

einsilbige Wörter	**zweisilbige Wörter**	**Wörter mit drei und mehr Silben**
Gnu	Ge pard	Grün helm tu ra ko
Hai	Flug hund	A qua ri um
Park	Kai man	E le fan ten
Tor	Ti ger	Erd männ chen
Zoo	Wär ter	Lö wen kä fig
		Pa vi an

2 Feu er wie sel
Zwerg sei den äff chen
Spitz maul nas horn
Hirsch zie gen an ti lo pe

Seite 230

1 a) + b) + c)
Dü ne (lang, offen) – dün ne (kurz, geschlossen)

Ma ler (lang, offen) – Map pe (kurz, geschlossen)

schla fen (lang, offen) – schlaf fen (kurz, geschlossen)

Ton (lang, offen) – Ton ne (kurz, geschlossen)

Tan te (kurz, geschlossen) – Ta ler (lang, offen)

bet teln (kurz, geschlossen) – be ten (lang, offen)

2 a) + b)

Wörter mit offener Silbe	Wörter mit geschlossner Silbe
Hü gel	brum men
le sen	schal ten
Re geln	Lin se
rei ben	Pud ding
Sä ge	Rob be
Scha le	Tin te

3 Der Vokal in einer offenen Silbe wird lang, der in einer geschlossenen Silbe kurz gesprochen.

4 a) + b)
Lö we (lang, offen)

Ra be (lang, offen)

Af fe (kurz, geschlossen)

En te (kurz, geschlossen)

Seite 231

1 a) Die Wörter sind, so geschrieben, nicht leicht in Laute umzusetzen, da man nicht weiß, wie die Vokale auszusprechen sind.

b) ge hen, Ze hen, dro hen, flie hen

c) Das h schiebt sich zwischen die Vokale und trennt so eindeutig die Silben.

2 Floh, die Flö he – Kuh, die Kü he – Schuh, die Schu he, Reh, die Re he

3 mäht, wir mä hen – geht, wir ge hen – blüht, wir blü hen, ruht, wir ru hen

---

Seite 232

1 Wie se, Spin nen, zie hen, Bie nen, brin gen, flie gen

2 biegt, wir bie gen – Dieb, die Die be – fies, fie ser – fliegt, wir flie gen – friert, frier en – schief, schie fer – Sieg, die Sie ger – tief, tie fer – Ziel, die Zie le

3 Der Rie se, der Spie gel, der Fisch, die Fi sche, die Brie fe, die Zwie bel, der Tisch, die Ti sche

4 das Wie sel, der Kie sel, das Bach ge rie sel, wir ver rie ten, im Stil len, die Tie re, wil len

---

Seite 233

1 a) + b) Huhn, die Hüh ner – kahl, kah ler – lahm, lah mer – Mohn, des Moh nes – Ohr, die Oh ren, Sohn, die Söh ne – Stuhl, die Stüh le, Zahl, die Zah len

c) Das Dehnungs-h gehört immer zur ersten Silbe.

2 a) Dem Dehnungs-h folgt immer ein l, m, n, oder r.

b)

Wörter mit hl	Wörter mit hm	Wörter mit hn	Wörter mit hr
fühle Fehler	Rahmen	Bühne Ahnung ungewöhnlich	Jahr führen Gefahr

3 fahren, fuhr, Gefahr, Lebensgefährte, abgefahren, gefährlich …
wohnen, Wohnung, wohnlich, bewohnt, Wohnraum, Wohngemeinschaft, Wohnzimmer …
fehlen, Fehler, befehlen, fehlbar, fehlerfrei, fehlerhaft, Fehlgriff …

Seite 234

1 a) Krokodil, Igel, Biber, Tiger

2 a) waagerecht: Politik, Grafik, Mosaik, Plastik, Technik, Mechanik,
senkrecht: Musik, Logik, Kritik, Fabrik

3 a) Maschine, Kino, Blondine, Vampir, Gardine, Violine, Augenlid, Ruine, Goldmine, Lineal, Rosine

---

Seite 235

1 Aal, die Aa le – Schnee, kein Plural möglich – Haar, die Haa re, Heer, die Hee re – Fee, die Fe en – Paar, die Paa re – Speer, die Spee re – Beet, die Bee te – Boot, die Boo te – Beere, die Bee ren

2 a) 1 Zoo, 2 Meer, 3 Moos, 4 Aas, 5 Saal, 6 Tee, 7 Kaffee, 8 Beet, 9 Waage, 10 Idee, 11 doof, 12 leer, 13 Teer

b) aa = Aas, Saal, Waage
ee = Meer, Tee, Kaffee, Beet, Idee, leer, Teer
oo = Zoo, Moos, doof

Seite 236

1 a) + b) Blu me (lang), Na gel (lang), Ham mer (kurz), Ket te (kurz), Vo gel (lang), Tel ler (kurz)

c) Die Konsonanten werden verdoppelt, um die Silbe zu schließen und so die Kürze des Vokals zu kennzeichnen, ist die Silbe offen, wird der Vokal lang gesprochen.

2

Wörter mit offener Silbe	Wörter mit geschlossener Silbe
die Blü te	fas sen
fe gen	die Hüt te
der Ha se	die Klap pe
le gen	der Kel ler
die Na se	kom men
pro ben	las sen
der Ra be	der Tel ler
ra ten	die Wet te
das Ru der	

3 er bellt, wir bel len – blass, die blas sen Elefanten – das Bett, die Bet ten – es brennt, wir bren nen – dürr, der dür re Ast – der Fluss, die Flüs se – der Herr, die Her ren – krumm, der krum me Arm – satt, das sat te Mädchen – er soll, wir sol len – sie stellt, sie stel len – still, das stil le Haus

---

Seite 237

4 die Lip pe, die Trep pe, die Bril le, der Schlüs sel, das Mes ser

5

fallen knallen schallen ballen	knurren schnurren murren surren	Nonne Sonne Wonne Tonne	Bitte Sitte Mitte Schnitte
Gammeln sammeln stammeln bammeln	Kuppe Suppe Puppe Schuppe	gaffen schaffen raffen Waffen	Betten wetten retten Zigaretten

6 Die Wörter müssen für die Erklärung zunächst zerlegt werden: Brumm + Bär, wir brum men – Irr + tum, wir ir ren – Knall + Frosch, wir knal len – Platt + Fuß, die plat ten Reifen – Schiff + s + Bau, die Schif fe

7 a) Löf fel, Schlaf müt ze, Hoff nung, Pfef fer, Pfiff, Läu fer
hell, Schul ta sche, schmal, Grill, Roll schu he, Wel le
Jam mer, Blu men, Lamm, Stumm film, Schwimm flü gel
blond, Kinn, Renn au to, Sand, (er) spinnt
knapp, Kipp schal ter, Lip pe, Pup pe, Trep pe, Tipp
starr te, herr lich, schmo ren, gie rig, Schnur, kurz
Wat te, zit tern, glät ten, weit, Tü te, Rat schlag

8 ein dür rer Hering – ein dün ner Ast – ein fet ter Frosch – ein hel ler Raum – eine ka put te Uhr – ein nas ser Boden – ein sat tes Reh – ein schlaf fer Sportler – eine schnel le Florelle – ein vol les Haus

9 donnern, wir don ner ten – knallen, wir knall ten – kommen, wir ka men – rennen, wir rann ten – retten, wir ret te ten – sammeln, wir sam mel ten – schütteln, wir schüt tel ten – sperren, wir sperr ten – wetten, wir wet te ten – treffen, wir tra fen

---

Seite 238

1 a) die Grö ße – die Nüs se – die Tas se – das Mes ser – die So ße – die Küs se – der Ses sel – die Klas se – der Schlüs sel – die Grü ße – der Rüs sel – die Schlös ser

b) 1 = kurz, 2 = lang

2

Grundform (Infinitiv)	Wir-Form der Gegenwart (Präsens)	Wir-Form der Vergangenheit (Präteritum)
es sen	wir es sen	wir a ßen
gie ßen	wir gie ßen	wir gos sen
schlie ßen	wir schlie ßen	wir schlos sen
ver ges sen	wir ver ges sen	wir ver ga ßen

3 a) + b)
A liest, sie le sen / B stößt, sie sto ßen / C zerreißt, sie zer rei ßen / D begrüßt, sie be grü ßen / E löst, sie lö sen / F vergiesst, sie ver ges sen / G fasst, sie fas sen

---

Seite 239

1 a) + b) + c) Ha se (gesummt), Fü ße (gezischt), Na se (gesummt), Stra ße (gezischt)

2 der Fels, die Fel sen – das Floß, die Flö ße – das Gefäß, die Ge fä ße - das Gras, die Grä ser – groß, gro ßer – heiß, hei ßer – das Los, die Lo se – die Laus, die Läu se – die Maus, die Mäu se – der Preis, die Prei se – der Spaß, die Spä ße – süß, sü ßer – weiß, wei ßer

3 Sie brem sen scharf. Die Bäche flie ßen langsm. Sie gie ßen die Blumen. Wir grü ßen freundlich. Wir le sen ein Buch. Sie lö sen ein Problem. Wir rei ßen ein Blatt ab. Sie schlie ßen die Tür.

4 reißen, Abriss, Abrissbirne, Reißzwecke, reißend, Ausreißer – Lesebuch, Vorleser, nachlesen, ablesen – reisen, abreisen, bereisen, Reiseverkehrskaufmann, Urlaubsreise

---

Seite 240

1 In Hund wird das „d“ wie ein „t“ gesprochen, in Hunde wie ein „d“. Nur in der verlängerten Form stimmen Laut und Buchstabe überein.

2 lieb, grob – Held, Hand – Schlag, Berg

3 die blinde Kuh, der wilde Hase, der bunte Hund, der wunde Punkt, der blöde Clown, der gesunde Artist, der kluge Schüler, der unbekannte Planet, der gelbe Ball

4

Präteritum	Infinitiv	Präsens	Perfekt
sie band	binden	du bindest	wir haben gebunden
er sang	singen	du singst	sie haben gesungen
sie fanden	finden	du findest	wir haben gefunden
sie gaben	geben	du gibst	wir haben gegeben
sie grub	graben	du gräbst	wir haben gegraben
sie klebte	kleben	du klebst	wir haben geklebt
sie liebte	lieben	du liebst	wir haben geliebt
sie lobten	loben	du lobst	wir haben gelobt
sie raubten	rauben	du raubst	wir haben geraubt
sie siegten	siegen	du siegst	wir haben gesiegt

5 a) + b) Schreib+tisch, wir schrei ben – Sand+uhr, die San de – Kleb+stoff, wir kle ben, Bind+fäden, wir bin den – Schreib+hefte, wir schrei ben – Geld+beutel, die Gel der – Schrank+wand, die Schrän ke, die Wän de – Staubtuch, stau big – gründlich, wir grün den

6 gesund, gesunden, Gesundung, Gesundheitsreform, gesundschreiben …
Held, Heldensage, Heldin, Heldentat, heldenhaft …
Feind, Feindschaft, feindlich, feindselig, Feindin …
fliegen, Flugzeug, Flugplatz, Fliegennetz, Fliegengewicht …
halb, Halbzeit, Halbinsel, halbhoch, Halbkreis, Halbmond, halbmast …

7 der Abend, die A ben de – der Betrug, die Betrü ger – sie bleibt, wir blei ben – der Feind, die Fein de – er folgt, wir fol gen – gesund, ein ge sun der Hase – das Getränk, die Ge trän ke – das Grab, die Grä ber – die Haut, die Häu te – sie hupt, wir hu pen – das Laub, des Lau bes – listig, ein lis ti ger Zauberer – der Lump, die Lum pen – mild, ein mil der Sommer – der Pilot, die Pi lo ten – pink, ein pin ker Pullover – sie pumpt, wir pum pen – der Quark, des Quar kes – der Salat, die Sa la te – das Sieb, die Sie be – der Spuk, die Spu ke – die Tat, die Ta ten – er trabt, wir tra ben – der Typ, die Ty pen – der Zwerg, die Zwer ge

---

Seite 242

1 Richtig muss es heißen „Bäumen“ und „Äpfel“.

2 ängstlich, die Angst – bärtig, der Bart – die Bäume, der Baum – die Fäuste, die Faust – die Gäste, der Gast – der Jäger, die Jagd – die Plätze, der Platz – der Räuber, der Raub – die Träume, der Traum

3 neulich, träumte, säuerlich, färbte, erklärt, Flächeninhalt, Rechtecks, berechnen

4 a)+b) waagerecht: Bär, Käfig, während, spät, Käse, träge, Lärm, Dämmerung
senkrecht: Säge, Rätsel, Träne, Mädchen

Seite 243

1 Die Postkarte ist deshalb schwer zu lesen, weil sie über die eigentliche Schreibfläche hinaus beschrieben ist. So wird auch das Adressfeld beschriftet, was zu Missverständnissen bei der Zustellung führen kann. Durch die Trennung der Wörter hätte dies vermieden werden können.

2 der Ap-fel-ku-chen – das Aqua-ri-um – die Ball-sport-art – das Erd-männ-chen – die Geis-ter-stun-de – der Gip-fel-stür-mer – der Hams-ter – das Ju-gend-buch – die Ket-te – der Opa – die Phy-sik-stun-de – die Ras-sel – der Schmet-ter-lings-baum – der Tin-ten-kil-ler

3 Ach-tung, knüp-fen, Ap-fel, Kir-sche, fan-gen, glimp-flich, Bü-che-rei, me-ckern, la-chen, kra-chen, lär-men, Schläf-chen, Be-loh-nung, Kis-te, Gip-fel, Ta-sche

---

Seite 244/245

1 + 2 die Weltmeisterschaft – die Roboter – ein Jahr – die Roboter – die Maschinen – die Fußballweltmeisterschaft – der Roboter – der Titel – das Spiel – der Schiedsrichter – die Ro-

boter – ein Eigentor – die Jungen – das Match (die Eigen- und Ländernamen wurden nicht aufgeführt)

3 a) + b) die Zauberschule – eine magische Schule – eine alte Steintreppe – in den Zauberkeller – des Schlosses – ein uraltes Gewölbe – die verwinkelten Gänge – in den niedrigen Räumen – ein Fenster – der Lehmgeruch – in der Luft – der Lehrer – für die Zaubertränke – der Zauberlehrer – eine dunkle Robe – einen spitzen Hut – ein lila Hemd – eine orangefarbene Hose – eine lustige Mütze

4 a) + b)

1. Deinen neuen Rucksack habe ich in dem Geschäft in der Altstadt gesehen.
2. In dem Zoo haben (die) Kinder ihre Meerschweinchen in dem Tigerkäfig und in das Gehege der Erdmännchen ausgesetzt.
3. Lara geht an das Fenster, um frische Luft zu schnappen.
4. An dem Montag geht Lukas zu dem Training zu der Sporthalle.
5. Zu der Abwechslung würde er gerne mal in dem Freibad das Training beginnen.

Seite 245

5 a) + b) + c)

-heit	-keit	-nis	-schaft	-ung
die Bescheidenheit die Dummheit die Klarheit die Krankheit die Wahrheit	die Dankbarkeit die Freundlichkeit die Herrlichkeit die Übelkeit	das Ereignis das Geständnis das Hindernis die Kenntnis	die Verwandtschaft	die Kennung die Ordnung die Reinigung die Werbung die Wohnung

6 In den meisten Zoos muss der Tierpfleger die Affen nach den genauen Vorgaben eines Plans füttern. Die Bonobo-Affen erhalten von ihm als wichtigste Hauptnahrung vor allem grüne und gelbe Früchte, die er den Affen aber nur in kleinen Mengen zur Verfügung stellt. Die Bonobos fressen auch Insekten, die viel größeren Gorillas sind dagegen ausschließlich Vegetarier. Sie fressen am liebsten krautige Pflanzen, Stängel, Schösslinge und Sprossen. Das ist eine nährstoffarme Nahrung.

Seite 246

1 **Weibliche Haie können auch ohne Männchen schwanger werden**
Da staunten die Tierpfleger eines Aquariums nicht schlecht: Eine ihrer drei Hammerhai-Damen war schwanger, ohne jemals Kontakt mit einem Männchen gehabt zu haben. Eine Untersuchung zeigte: Der Nachwuchs war tatsächlich aus einer unbefruchteten Eizelle herangewachsen. Bei dem Nachwuchs handelt es sich um exakte Klone der Muttertiere. Denn es wird ja kein neues Erbmaterial mit eingebaut. Damit reihen sich auch die Hammerhaie in die Tierarten ein, die ohne Männchen ihren Fortbestand sichern können.

Warum Rotkehlchen nachts singen
Als kleiner Sänger hat man es schwer in der Stadt! Überall lärmt es: Autos hupen, Busse

dröhnen vorbei, Kinder schreien, Presslufthämmer rattern. Gegen diese Geräuschkulisse anzusingen, die Herzen von Weibchen zu gewinnen und Rivalen abzuschrecken, ist sehr schwer.
Rotkehlchen haben sich deswegen etwas einfallen lassen: Sie singen in Städten einfach nachts, wenn es viel ruhiger ist auf den Straßen und in den Parks. Sie haben dadurch zwar weniger Zeit zum Ausruhen, aber bei den Rotkehlchen-Damen kommt das offenbar gut an. Auch andere Vögel haben zum Teil erstaunliche Anpassungen an das Leben in der Stadt durchgemacht. Von Meisen zum Beispiel ist bekannt, dass sie in der Stadt ihre Lieder schneller und in einer höheren Tonlage singen als die Kollegen, die auf dem Land wohnen. Und von Staren weiß man, dass sie ungewöhnliche Geräusche in ihr Gesangsrepertoire aufnehmen. Wer also in Zukunft ein Handy aus einem Baum klingeln hört: Es könnte ein Star sein.

Seite 247

1 a) Es handelt sich um (A) Majestix, (B) Miraculix und (C) Troubadix. Die Figuren stammen aus dem Comic „Asterix der Gallier".

b) Durch die Wiederholungen des „und" sind die Sätze schwerfällig zu lesen.

c) A: Meine Person hat lange rote Haare, einen Helm und einen Säbel.
B: Meine Person ist alt, weise, schlau und hilfreich in der Not.
C: Meine Person wird ausgelacht, verspottet und manchmal auch geknebelt.

2 a) Die Römer aßen dreimal am Tag. Sie frühstückten wie wir Brot, Käse, Eier und Milch. Mittags aßen sie wenig, aber abends gab es oft mehrere Gänge. Die Grundnahrungsmittel waren Brot, ein Mehlbrei aus Dinkel oder Gerste und Gemüseeintöpfe. Gab es kein frisches Gemüse mehr, kochten die Römer einen Brei aus Erbsen, Bohnen oder Linsen. Fleisch konnten sich die Armen kaum leisten. Die Reichen aber aßen gerne Haselmäuse. Die Mäuse wurden mit Schweinefleisch, Pfeffer, Pinienkernen und Wurzeln gefüllt, zugenäht und im Ofen gebacken.

3 Die Ägypter, Griechen und Römer interessieren mich sehr. Ich leihe mir über sie in unserer Bücherei viele Comics, Bücher und Filme aus. Auf meinem Schreibtisch liegen eine selbst gebaute Pyramide, eine Anleitung zum Schreiben von Hieroglyphen und ein Alphabet mit griechischen Buchstaben. Gerne würde ich mal Caesar und Asterix sowie Obelix und Kleopatra interviewen.

Seite 248

1 a)–d) *mögliche Lösung*:
[Letzten Samstag <u>fuhr</u> ich mit meiner Mannschaft zu einem Handballturnier]. [Die Halle <u>füllte</u> sich bis auf den letzten Platz]. [Ich <u>freute</u> mich auf das Turnier]. [Unser erstes Spiel <u>begann</u> um 10.45 Uhr]. [Wir <u>erhielten</u> Anwurf], [Corinna <u>warf</u> mir den Ball <u>zu</u>]. [Ich <u>fing</u> ihn], [dann <u>warf</u> ich ihn ins Tor]. [Wir <u>gewannen</u> das Spiel mit 11 : 9]. [Am Ende <u>belegten</u> wir den dritten Platz]. [Ich <u>war</u> sehr stolz auf unser Team].

2 a) + b)
[Um Mitternacht treffen sich die Gespenster in der Eingangshalle des Schlosses]. [Die männlichen Geister werfen Vasen], [die weiblichen Geister rasseln mit den Ketten]. [Die meisten Gespenster sind fast durchsichtig]. [Einige haben weiße Laken um]. [Vampire tragen aber immer einen schwarzen Frack]. [Führungen im Schloss zur Geisterstunde kosten nur 5 Euro]. [Die meisten Besucher zittern wegen der heulenden Gespenster], [die wenigsten wollen ihre Angst zugeben].

Seite 249

1 a) + b)
Die Lehrerin sagt: „Aylin, nenne mir bitte die verschiedenen Zeitformen von ich esse."
„Ich esse, ich aß, ich habe gegessen, ich bin satt", antwortet Aylin.

2 b) + c)
Ein Habicht schoss auf eine Lerche herab und ergriff sie mit seinen tödlichen Krallen. Er wollte sie rupfen, da störte ihn ein Storch, der die Jagd mit angesehen hatte. „Die arme, kleine Lerche!", seufzte er vorwurfsvoll. „Eben hat mich ihr lieblicher Gesang noch erfreut." „Spare dir dein Mitleid", meinte der Habicht schroff. Er fügte dann hinzu: „Der Frosch, den du gerade verspeist hast, quakte vorhin auch noch so fröhlich."

3 Richtig sind A und D. Zu C: Nach einem Doppelpunkt folgt oft eine wörtliche Rede, aber keine Bedingung.

Seite 251

1 a) + b)
Ach, was das wohl werden soll!
Bücher – ganze Wände voll,
CD-ROMs, PCs, Kassetten,
Dünne Teile neben fetten,
Erst mal sehn, wie das hier geht.
Find ich raus, wo alles steht?
Größe ist wohl nicht so wichtig,
Hund bei „Haustier" – das ist richtig!
Igelbuch gehört zu „Tier",
Jugendbücher stehen hier,
Kinderkrimis stehen dort,
Lesefutter – Wort für Wort.
Meterlang in Trog und Reihen,
Nicht zum Kaufen – doch zum Leihen!
Oder Schmökern gleich vor Ort.
Purer Lesespaß sofort!
Quietschvergnügt, doch auch mal still.
Regeln sind da mit im Spiel.
So, wie viele viel hier machen,
Teilen sich Raum und Sachen:

Ungeheuerspukgeschichten,
Verse, die Verliebte dichten,
Wissen, Märchen, Fantasien,
X-mal wohl schon ausgeliehen,
Y-mal schon zurück.
Zeit für neues Leseglück!

Seite 252

1 a) geben, Gefäß

b) Auf der Seite sind „gebirgig“ und „Geduldsprobe“ zu finden.

2 Es sind die Kopfwörter Schlips – Schmalz.

Seite 253

1 Die Stichwörter sind essen, Maus und Speck, Nuss, häufig.

2 Die jeweiligen Grundformen lauten: rufen, nächst, fressen, hoch, treffen, entwerfen, gelten

3 Fahrrad + Keller – Schul(e) + Konzert – Flug + Angst – Schwimm(en) + Unterricht – Quiz + Kandidat – Schach + Turnier – Jugend + Mannschaft

4

b oder p?	Teleskop – Laptop – abrupt
d oder t?	Leopard – anstrengend – endgültig
c, ch oder k?	Karambolage – clever – Schneechaos
p, ph oder v?	Ventil – Blumenvase – Waage
e oder ä?	Eltern – Tassenhenkel – Äquator
eu oder äu?	Räuberversteck – äußerlich – Beute
s, ss oder ß?	Maßnahme – kross – Stupsnäschen
Mit oder ohne h?	schälen – verwählt – weggeholt

Seite 254

1 + 2 Am Wochenende bin ich mit meinen Eltern (1) in einem Freizeitpark gewesen.(2) Am (3) besten gefiel mir die Achterbahn. Die fand (4) ich toll (5) und damit zu fahren, hat (6) mir viel Spaß (7) gemacht. Es ging rückwärts, (8) vorwärts, (9) bergauf, (10) bergab, (11) kopfüber, (12) die Spitzengeschwindigkeit (13) waren übrigens 80 Stundenkilometer. Der Weltrekord (14) im Dauerfahren (15) liegt bei 210 Stunden, das heißt (16), der Rekordhalter (17) ist mehr als 26.000 Mal durch die Loopings gerast (18). Ich bin nur fünfmal gefahren (19). Das hat mir gereicht.

Computer im Unterricht
(Schülerband S. 258–263)

Seite 262

1 O unberechenbare Schreibmaschine,
was bist du für ein wunderliches Tier?
Du tauschst die Buchstaben ganz nach Vergnügen
und schreibst so schönen Unsinn aufs Papier!
Du tippst die falschen Tasten, lieber Bub!
O sage mir, was kann da ich dafür?

2 Gestern habe ich eine Bäckerei besucht. Dort lernte ich zuerst die Verkäuferin kennen und dann den Bäckermeister. Der zeigte mir die Backstube, die schon über 100 Jahre alt ist. Natürlich sind die Öfen dort etwas neuer, aber ein Ofen ist noch da, der noch mit Holz geheizt wird.

3 Früher war es so, dass der Bäcker sein Mehl vom Müller erhielt. Der Müller mahlte das Mehl in seiner Mühle und brachte es dann zur Bäckerei. Heute ist es anders. Der Bäcker verwendet oft Backmischungen, die von ihm aus einer Fabrik von weither geliefert werden.

(Hier ist Platz für Notizen.)